Clara
A PRIMEIRA PLANTINHA DE FRANCISCO

COLEÇÃO EM BUSCA DE DEUS

A rosa e o fogo – Inácio Larrañaga

Clara, a primeira plantinha de Francisco – Chiara Augusta Lainati

Comunidade, lugar do perdão e da festa – Jean Vanier

Cristo minha vida – Clarence J. Enzler

Francisco: o arauto de Deus – Gianluigi Pasquale

José, o pai do Filho de Deus – André Doze

Mostra-me o teu rosto – Inácio Larrañaga

O irmão de Assis – Inácio Larrañaga

O silêncio de Maria – Inácio Larrañaga

Padre Pio: um santo entre nós – Renzo Allegri

Suba comigo – Inácio Larrañaga

Chiara Augusta Lainati

Clara

A PRIMEIRA PLANTINHA DE FRANCISCO

Dados Internacionais de Catalogação na Publicação (CIP)
(Câmara Brasileira do Livro, SP, Brasil)

Lainati, Chiara Augusta
Clara, a primeira plantinha de Francisco / Chiara Augusta Lainati ;
[tradução Leonilda Menossi]. – São Paulo : Paulinas, 2015. – (Coleção
em busca de Deus)

Título original: Santa Chiara d'Assisi.
ISBN 978-85-356-4008-3

1. Clara, de Assis, Santa, 1193 ou 4-1253 2. Santos cristãos - Itália
- Biografia I. Título. II. Série.

15-08201   CDD-270.092

Índice para catálogo sistemático:
1. Santos cristãos : Biografia   270.092

1ª edição – 2015
3ª reimpressão – 2023

Título original da obra: *Santa Chiara d'Assisi*
© by Edizioni Porziuncola

Direção-geral: Bernadete Boff
Editora responsável: Andréia Schweitzer
Tradução: Leonilda Menossi
Copidesque: Mônica Elaine G. S. da Costa
Coordenação de revisão: Marina Mendonça
Revisão: Cirano Dias Pelin
Gerente de produção: Felício Calegaro Neto
Capa e diagramação: Manuel Rebelato Miramontes

Nenhuma parte desta obra poderá ser reproduzida ou transmitida
por qualquer forma e/ou quaisquer meios (eletrônico ou mecânico,
incluindo fotocópia e gravação) ou arquivada em qualquer sistema ou
banco de dados sem permissão escrita da Editora. Direitos reservados.

Paulinas
Rua Dona Inácia Uchoa, 62
04110-020 – São Paulo – SP (Brasil)
Tel.: (11) 2125-3500
http://www.paulinas.com.br – editora@paulinas.com.br
Telemarketing e SAC: 0800-7010081
© Pia Sociedade Filhas de São Paulo – São Paulo, 2015

SUMÁRIO

PREFÁCIO 7

CAPÍTULO I – CLARA DE FAVARONE 9
Assis no tempo da Santa 9
A família de Clara 10
Infância de Clara 12
Brilho de fogo em Assis 14
Assis contra Perúgia 15
Vocação de Clara 16
Amor ao sofrimento e... 18
... à solidão 19
Recusa ao casamento 21

CAPÍTULO II – CLARA DE DEUS 23
O filho de Pedro Bernardone 23
Conversão de São Francisco 24
São Francisco prega em Assis 26
Clara no caminho da pobreza 27
Em diálogo com Francisco 29
São Francisco, guia de Clara 32
O último dia 33
A fuga da casa paterna 34

CAPÍTULO III – SÃO DAMIÃO 37
Clara na Porciúncula 37
Reação à fuga de Clara 38
A irmã Inês 40
Resistência de Inês 40
Clara em São Damião 43
As primeiras companheiras e a primeira Regra 45
Um grupo chamado a viver o Evangelho 47

Clara abadessa 51
Humildade 51
Caridade 52
Fortaleza 53
Mortificação 54
Obediência 56
São Francisco e as Irmãs Pobres de São Damião 57

CAPÍTULO IV – A ORAÇÃO DE CLARA 69

Vida de união com Deus 72
Cristocentrismo clariano 73
O menino de Belém 74
O amor crucificado 76
Clara e a Eucaristia 78
Os "sarracenos" em São Damião 79
A contemplação de Clara 80
Florescer de prodígios 85
A libertação de Assis 86
Abertura de Clara ao mundo 87

CAPÍTULO V – A "ALTÍSSIMA POBREZA" 91

Imitação de Cristo pobre 93
O privilégio da pobreza 96
A pobreza, exigência da alma contemplativa 100
A resposta da Providência 104
Santa Clara e o trabalho 106
Corporais de Santa Clara 109

CAPÍTULO VI – "VAI TRANQUILA, ALMA MINHA BENDITA!" 111

Visita soberana 112
Longa e serena agonia 114
Um cortejo de santas virgens visita Santa Clara 116
A confirmação da Regra 117

CONCLUSÃO 119

PREFÁCIO

Não há ninguém que não tenha ouvido falar, ao menos uma vez na vida, de Assis: um lugar que se tornou símbolo de paz e de fraternidade; um lugar que é meta de peregrinações e centro de atração do turismo internacional.

Os peregrinos chegam a Assis em grupos; passam de um santuário a outro, buscando, nas pedras que falam do passado, as marcas de santidade de Francisco e de Clara; descobrem as pistas dos santos na velha madeira do coro de São Damião ou na fria nudez das pedras do Eremitério dos Cárceres; rezam onde eles rezaram. Depois disso, prosseguem a caminhada, voltando-se para despedir-se com o olhar, e mais ainda com o coração, enquanto o trem se afasta de Santa Maria ou o ônibus ultrapassa as últimas rampas do monte Subásio, de onde se divisa a Basílica, erigida por Frei Elias, ou somente se veem as oliveiras que escondem São Damião... Estes são os peregrinos.

Mas há quem venha a Assis movido apenas por curiosidade, só para visitar lugares que tanta gente já viu; enche os olhos com a beleza de uma paisagem de que não se esquece facilmente: um correr de montes perfilados, um caminho que sobe audaz por entre uma festa de sacadas floridas, uma luz rosa e cálida, que emana das pedras dos muitos monumentos.

A uns e outros Santa Clara tem muito a dizer: ao peregrino que se detém em devota oração diante de seu corpo amorosamente conservado pelas Clarissas, na cripta da Basílica dedicada a ela, como também ao turista demasiadamente apressado ou distraído pelo ritmo da vida moderna, que não tem tempo para ajoelhar-se diante da Santa; aos primeiros, ensina a linguagem confiante da oração; aos segundos, testemunha que não se pode encontrar paz em lugar algum do mundo quando ela não é levada dentro de si mesmo, uma paz que não se pode interiorizar se não se responde ao desígnio que Deus tem para cada um de nós.

A breve vida de Santa Clara que estas páginas descrevem, destinadas àqueles que desejam um primeiro contato com a vida da Santa, não usa de uma linguagem erudita, mas considera a pura verdade histórica, que resulta de documentos autênticos, para que Santa Clara, viva e atual em pleno século XXI, seja um modelo às pessoas de hoje, e não apenas um personagem relegado ao fundo de um cenário medieval, porque esta é exatamente a tarefa dos santos, como a dos criadores de obras-primas imortais: permanecerem sempre vivos e falar uma linguagem atual.

CAPÍTULO I

CLARA DE FAVARONE

ASSIS NO TEMPO DA SANTA

Clara abriu os olhos para o mundo no ano de 1193, na tranquila cidade de Assis, na casa que seus pais possuíam havia muito tempo, na Praça de São Rufino.

A cidade de Assis, ainda sofrida pelas feridas causadas por Frederico I – o Barba-Ruiva –, que dezesseis anos antes a havia conquistado, acolheu o fiel Conrado de Urlingen na Fortaleza da Roca, a fim de garantir a tutela dos direitos imperiais e das leis feudais. A Fortaleza domina severamente, com seus muros e suas poderosas torres elevadas sobre a cidade. Mas para os servos da gleba, para o povo simples que faz da praça e do mercado o teatro de seus dias, como também para a nova burguesia de mercadores, sua presença obscura pesa como símbolo das leis feudais e do cumprimento das obrigações ante o imperador e os senhores, os *Maiores*, como se chamavam os nobres, em contraste com os *Menores*, constituídos pelo povo.

Mas Assis respira um ar de independência municipal, embora seja obrigada pela força a permanecer submissa ao imperador e à ordem feudal imposta por ele. Sente-se no povo o descontentamento. Nas camadas mais altas, a dos comerciantes enriquecidos pelo comércio nacional ou em terras estrangeiras, isso se traduz numa crescente atitude de independência e arrogância perante os nobres empobrecidos em seus castelos. Nas camadas mais baixas deles, a do povo e dos servos da gleba, o descontentamento se traduz numa aberta hostilidade à ordem constituída, sobretudo onde a fome – que nunca é conselheira de paz – encova os rostos e cria um vazio no seio das famílias: situação muito frequente em momentos de contínua guerra entre cidades, que despoja os campos e leva a desolação onde antes lourejava o trigo e as árvores estavam carregadas de frutas.

A luta social latente aconselha os nobres a vigiar, com armas à mão, suas famílias e seus bens, por eventuais surtos de rebelião e, como prevenção, manter abertos os caminhos aos povoados onde pudessem encontrar refúgio.

A FAMÍLIA DE CLARA

Clara nasceu numa dessas famílias de *Maiores*. A casa dos filhos de Ofredúcio (avô de Clara), à sombra de São Rufino, é uma das mais nobres e poderosas da cidade. Favarone, seu pai, Monaldo e Scipione, seus tios, desfrutam de alta estima no lugar.

Nas habitações há um contínuo ruído de armas e notícias de guerra, tanto que o ouvido se acostuma a distinguir, entre os barulhos cotidianos, o galopar dos cavalos na Praça de São Potente, ou dos outros que passam pelo Teatro Romano, até chegar à Porta Antiga.

Em casa, contam com servos e o padrão de vida é elevado, como ocorre numa família de cavaleiros.

Nobre e rico, Favarone escolheu por esposa Hortolana, que, além de rica e nobre, conta com os dotes morais de caridade e piedade. Ao redor dela se reúne, como é o costume das castelãs, um pequeno grupo de mulheres, entre as quais se distinguiam as filhas de Guelfúcio, próximas também da casa, tanto assim que, para ir até Hortolana, elas não precisavam atravessar a Praça de São Rufino. Hortolana conta com elas para ajudar os necessitados, com elas se dedica às obras de caridade e com elas, por devoção, às vezes também faz peregrinações até bastante arriscadas.

Não é preciso, de fato, seguir com os muitos peregrinos que, pelos caminhos de Roma, se dirigem às tumbas de São Pedro e São Paulo, ou se aventurar a ir além de Roma até São Miguel Arcanjo, no monte Gargano – o que não era pouca coisa, se levarmos em conta que os caminhos eram fatigantes e acidentados, no melhor dos casos, quando não passavam por zonas pantanosas, infestadas por febres e outras hostilidades. Bastava sair de Assis até o Trasímeno para deparar-se com a presença inimiga da cidade de Perúgia. Mesmo quando a viagem podia ser considerada segura, existia sempre o perigo de que bandos esporádicos de ladrões surgissem, repentina e impiedosamente. Enfim, cada viagem era incerta e perigosa.

Então, não era pouca coisa ir até Roma ou a São Miguel de Gargano. Mas à piedosa esposa de Favarone não bastavam tais peregrinações: sua devoção a leva a unir-se a um grupo de peregrinos que se aventuram até Jerusalém.

Não é, pois, de surpreender que ela fosse conhecida em Assis como uma mulher devota e que os vizinhos a vissem com particular respeito e admiração.

É assim que chega para ela a primeira maternidade. O dia do parto se aproxima e Hortolana se angustia por causa do perigo que se avizinha. Mais uma vez se refugia na oração: corre para a igreja, ajoelha-se diante do crucifixo e reza com fervor a Deus, pedindo que a ajude nesse momento.

Mais tarde contará à sua filhinha Clara, a quem felizmente deu à luz, que, enquanto rezava de joelhos diante da cruz, ouviu claramente estas palavras: "Não temas, mulher, porque em segurança nascerá de ti uma luz que fará resplandecer mais claramente o mundo inteiro".

Hortolana gravou tais palavras no coração e jamais se esqueceu delas. Depois voltarão aos seus lábios cada vez que, ao olhar para Clara, vir nela a filha da luz prometida num momento de ansiedade. Mais de vinte anos depois, ela as repetirá às monjas, companheiras de Clara; agora ela as repete a si mesma e, confiando na promessa, quer que o nome da menina seja um nome de luz. É esse o motivo pelo qual à primogênita dos Ofredúcio na pia batismal deram o nome de Clara.

INFÂNCIA DE CLARA

A menina cresce à sombra da mãe. Sua escola, desde os primeiros anos, são as obras de piedade e caridade de Hortolana, que Clara se esforça por imitar segundo suas possibilidades. Da mãe recebeu as primeiras lições de fé, com ela aprendeu a rezar e, não somente isso, mas como todas as crianças do mundo, vai aprendendo sobretudo através dos exemplos que Hortolana lhe oferece todos os dias.

Das ruas, dos casebres, dos bairros menos favorecidos, sobem até o palacete na Praça de São Rufino os lamentos dos mais pobres, condenados à fome. De fato, Assis atravessa, precisamente no final do século XII, um período de sordidez e pobreza, lembrado como o famoso tempo de "fome mortal".

A caridosa Hortolana procura atenuar tanta miséria, e a pequena Clara, por sua vez, priva-se, às escondidas, de alimentos refinados, para enviá-los aos pobres, por meio de Bona, uma das filhas de Guelfúcio.

Com a mãe, Clara aprende a rezar. Também nesse campo a semente cai em terreno bom, onde frutifica. Muito cedo ela começa a repetir sozinha as orações que escuta, e como não contava com os fios e as contas que hoje compõem o nosso terço, utiliza-se de pedrinhas para enumerar suas orações a Deus.

É assim que Clara cresce sob os olhos diligentes de sua mãe. Poucos anos após seu nascimento, Hortolana dá à luz outra filha, mais conhecida como Inês, nome que lhe foi dado por São Francisco, porque seu nome de batismo provavelmente tenha sido Catarina. Alguns anos mais tarde nascerá a terceira e última filha, Beatriz.

Mas quando Clara tem quatro ou cinco anos, inicia-se uma tormenta na cidade.

BRILHO DE FOGO EM ASSIS

Depois que o Papa Celestino III faleceu, em 8 de janeiro de 1198, foi eleito ao pontificado Lotário, dos condes de Segni, que assumiu o nome de Inocêncio III. Sua primeira preocupação foi assegurar o ducado de Espoleto. Em abril desse mesmo ano, o duque Conrado deixa Assis e vai para Narni, a fim de entregar esse ducado aos delegados pontifícios.

Mas a partida desse duque será o sinal para a revolta. A um toque, o povo se reúne e assedia a Fortaleza da Roca, que, mesmo guarnecida por um forte batalhão de soldados alemães, é atacada com fúria e derrubada.

Com a queda da Roca, expressão do domínio imperial, imediatamente foram constituídos os conselheiros, os magistrados da liberdade comunal. A raiva do povo não encontrou suficiente alívio em reduzir a escombros a fortaleza do imperador e se dirige com a mesma fúria contra os senhores feudais, os quais, abandonando seus palacetes na cidade, ouvem o primeiro sinal de guerra contra os castelos espalhados pela região.

O primeiro a cair foi o castelo de Sassorosso, pertencente aos filhos de Gislério de Alberico; logo após, os de Gerardo, Leonardo, Fortebrácio; a seguir, o dos filhos de Giovani Mateo, nas colinas de Montemoro e de Poggio São Damião; por último, a torre de São Savino, onde se reunira um forte grupo de nobres.

Mas a luta não termina nem sequer com a derrubada das torres dos castelos pelo ataque cerrado do exército comunal, que se transfere para o interior da cidade, onde a fúria do povo encontra um novo alvo nos palacetes dos nobres, reunidos em sua maioria no bairro de Murorotto e na praça do mercado.

O século XII termina, assim, com a vitória do povo, entre o crepitar dos incêndios e os gritos de guerra. Ao nascer, o novo século vê a partida dos nobres de Assis para o município mais odiado pelos assissenses, o de Perúgia.

Os primeiros a fugir são os filhos de Gislério, entre eles Leonardo, com os quais vai a filha Filipa, que nesse tempo era das meninas de Assis mais próximas de Clara e será uma das primeiras companheiras a segui-la na sua vida de pobreza em São Damião.

Pouco depois, outros cavaleiros passam para o serviço do município de Perúgia – os mesmos que tinham castelos e casas na cidade, atacados pelo povo de Assis. Entre eles está Monaldo, tio de Clara e chefe da linhagem.

ASSIS CONTRA PERÚGIA

O pedido dos peruginos feito aos assissenses de restituição dos bens aos perseguidos é um novo pretexto para que o ódio, sempre vivo entre os dois municípios rivais, resulte numa nova guerra, que, iniciada aproximadamente em 1200, se prolonga até 1205 e, depois de uma breve trégua, até 1209.

Também a família de Clara, representada por Monaldo, que por ser o primogênito ou por causa de seu caráter violento, participa da guerra de Perúgia, enfrentando a maioria dos senhores feudais em favor dos peruginos e contra a cidade natal. Também Favarone, como a maior parte dos senhores feudais, é obrigado a mudar-se com a família por algum tempo – talvez entre 1202 e 1205 – para a Perúgia.

Por mais breve que tenha sido essa permanência em Perúgia, bastou para Clara, com pouco mais de doze anos, conquistar o afeto das pessoas com quem conviveu.

Ali ela conhece Filipa, e na casa em que seus familiares se tinham estabelecido conhece também outra jovem: Benvinda, que mais tarde será uma das primeiras a vestir o hábito da penitência, seguindo as pegadas de Clara. Sobre ela escrevem, no processo de canonização, que era especialmente gentil e amável com todos, humilde de coração e reta no agir, tanto assim que inspirava, em quem a via, a sensação da presença de Deus em si.

Assim lembram as duas jovens a respeito de Clara, durante sua permanência em Perúgia, bem como todos os parentes, conhecidos e empregados da casa que estiveram próximos dela após seu regresso com a família para Assis.

VOCAÇÃO DE CLARA

É sempre difícil, quiçá impossível, determinar o momento em que Deus convida a si aquela alma, por meio daquilo que chamamos de "vocação". É sobretudo difícil porque o momento em que Deus se torna presente na alma, chamando-a de modo genérico, com palavras que podem valer para todos, mas de modo preciso e pessoal, permanece sempre um segredo confiado à mesma alma; é difícil também porque o chamado de Deus, na maioria das vezes, não acontece de improviso, mas gradualmente, através de um lento atuar da graça, que invade a alma, a fim de que possa reconhecer a voz daquele que a chama.

Em todo caso, o nascimento de uma vocação, quer a alma esteja consciente, quer não, implica sempre uma mudança de vida: a vocação produz sempre uma "conversão" (é precisamente este o termo que Santa Clara usou para indicar o momento no qual ela deixou o mundo para seguir a Cristo).

Nem sempre essa mudança de vida é nítida exteriormente, sobretudo nos casos, como o de Santa Clara, em que a pessoa chamada jamais esteve longe de Deus. Uma vez percebido o convite de Deus, mesmo que a vida pareça continuar inalterada, muda o sentido interior dos atos, aquilo que se fazia para conseguir determinados objetivos agora se faz somente para aderir à vontade de Deus.

Determinar qual tenha sido esse momento da vocação de Clara não é possível. Porém, observando sua conduta na casa dos Favarone em Assis, podemos dizer que Deus se fez presente em sua alma de um modo pessoal e preciso, rapidamente – e de "modo pessoal e preciso" entende-se que Clara se sentiu convidada pelo Senhor a uma vida inteiramente dedicada a ele, em penitência e oração.

Como isso aconteceu, ela mesma não o soube, até que foi iluminada pelos colóquios com São Francisco.

Ao regressar de Perúgia, suas ações são aparentemente as mesmas de sempre: dá tantas esmolas quantas pode, como aprendeu com sua mãe; continua a enviar às escondidas, aos pobres, através de Bona, os alimentos de que ela mesma se priva, e isso não escapa aos olhos dos servos;

reza muito, como a mãe lhe ensinou, e como sempre fez desde pequena.

AMOR AO SOFRIMENTO E...

Isso, porém, não é tudo, mas somente aquilo que nos permite afirmar sua vocação, algo inato a ela, que retifica o chamado de Cristo sem possibilidade de equívoco, que a convida a segui-lo por um caminho muito preciso: Clara ama, deseja e busca o sofrimento por amor a Cristo.

São Francisco orava no monte Alverne: "Senhor meu, Jesus Cristo, duas graças rogo que tu me concedas antes de eu morrer: a primeira, que em minha vida eu sinta na alma e no corpo, se possível, aquela dor que tu, doce Jesus, sentiste na hora de tua paixão; a segunda, que eu sinta no meu coração, se possível, aquele excessivo amor do qual tu, Filho de Deus, estavas inflamado para sustentar de boa vontade tanta paixão por nós pecadores". Tal oração parece absurda a quem está acostumado a pedir tudo a Deus, menos o sofrimento.

Mas Francisco ama a Cristo e lhe pede para amá-lo mais, com aquele amor que abriu o seu lado e pregou seus membros na cruz; membros que eram de carne e sangue como os nossos. "Quem ama sempre se transforma no amado", diz São Bernardino de Sena, e é assim que quem ama a Cristo não pode deixar de amar o sofrimento de Cristo e desejá-lo com todas as fibras do seu coração e invocá-lo como meio de união com ele.

A medida do amor com que se ama a Cristo é exatamente a do amor a seu sofrimento, porque é certo que "a vida cristã é uma continuação e um cumprimento da vida de Jesus Cristo; nossas ações são uma continuação das ações dele, cada um de nós é outro Cristo, que continua em vida os padecimentos de Jesus Cristo, com a mesma intenção que teve ele: a glória do Pai" (A. Gemelli).

O sofrimento por amor a Jesus e a sua imitação é sempre a glória do Pai. E Clara, entre as mais nobres, ricas e belas – "era muito bonita" dirá em 1253 Rainério de Bernardo, seu parente, recordando-a jovem, na casa de seu pai –, não se conformava com o sofrimento que a vida pudesse oferecer-lhe cada dia: sedenta da glória do Pai, leva sob as vestes um cilício e reduz ao mínimo indispensável a alimentação de seu corpo. Refugia-se cada vez mais na oração, sustento da vida de penitência.

... À SOLIDÃO

Ao seu redor, a vida continua seu curso normal, mas Clara, como toda pessoa enamorada, é absorta por um pensamento dominante.

Pouco a pouco, a realidade ao seu redor perde a cor para dar lugar àquela vida que Clara sente nascer dentro de si. Mais tarde, quando sua vocação estiver bem definida e ela aderir plenamente, momento a momento, ao chamado de Deus, a realidade assumirá novamente todas as cores, de modo mais vivo, porque então estarão filtradas pelo puríssimo cristal, que é Deus. Porém, ela está agora absorta por um pensamento e nada a pode distrair, nem mesmo a multidão que se reúne na Praça de São Rufino para discutir as questões mais importantes da cidade, tampouco os grupos de cavaleiros que se postam diante da catedral para diversos encontros. A praça da cidade é lugar de encontro de cidadãos, grupos armados, magistrados; porém, ninguém consegue ver Clara através das janelas de seu palacete, porque ela busca a solidão, a quietude dos compartimentos mais distantes, não quer ver nem ser vista.

Aquilo que a afasta das pessoas não é a melancolia, que tantas vezes assalta a adolescência ou a juventude. Certamente é o desejo de solidão que acompanha o início de sua vocação, como costuma acontecer nesses casos; é a necessidade de um silêncio no qual a voz de Deus, que chega até a alma, possa ser escutada mais nitidamente, entendida em seu significado mais autêntico e desfrutada em sua doçura.

A própria Clara demonstra que é realmente assim: quando a família está reunida e conversando, ela participa animadamente, mas um só é o seu assunto, de uma coisa só parece saber falar: de Deus e das coisas de Deus, porque não pensava em outra coisa.

Quem convive com ela, como Bona e Pacífica de Guelfúcio; quem frequenta a casa dos Favarone, como o nobre Ugolino de Pietro Girardone ou Rainério de Bernardo, não pode senão se surpreender com a doçura de Clara, com seu modo de sorrir, de falar de Deus. E a fama de sua bondade ultrapassa os muros domésticos e se espalha por Assis.

Na cidade, a primogênita dos Favarone já é conhecida: conhecem-na todos os pobres aos quais chegou o seu auxílio, através das mãos de Bona; conhecem-na por sua modéstia, que é sempre revestida de pureza, aqueles jovens que aspiram à sua mão e inutilmente dirigem o olhar para as janelas da casa da Praça São Rufino. Clara parece não pensar em casamento.

RECUSA AO CASAMENTO

É Favarone quem fala. Que a filha seja piedosa – a ponto de enviar Bona de Guelfúcio em peregrinação a Santiago de Compostela –, que seja caritativa, que seja modesta, não é somente bom, mas ótimo. Porém, Clara, que já está chegando aos dezessete anos de idade, começa a preocupar seu pai pelo modo como se comporta, com o seu fazer tudo para agradar a Deus e nada para agradar aos homens, com o seu falar sempre de Deus, sem pensar em outra coisa.

Ela é nobre, rica, bela, bondosa: tem todos os requisitos para ser esposa de algum dentre os mais poderosos senhores da cidade, e Favarone começa tratativas com essa intenção. Mas Clara não somente recusa o casamento: decididamente se nega a falar nisso e responde ao pai e à mãe que quer conservar sua virgindade para o Senhor. Eles a exortam várias vezes a renunciar a esse propósito, mas ela se obstina em seu ideal. Há aqueles, como Rainério de Bernardo, que ouvem, além do seu obstinado "não", um discurso no qual Clara usa todas as armas de sua eloquência para convidar a seguir a Cristo e a renunciar aos prazeres da carne.

Mas estamos em 1210: há três anos que Assis não faz outra coisa senão falar de Francisco, filho do grande comerciante Pedro Bernardone, que partiu para Puglia fortemente armado à conquista das insígnias de cavaleiro e voltou para casa poucos dias depois, passando a agir de maneira que a maioria das pessoas o considera louco e alguns outros, um santo.

CAPÍTULO II

CLARA DE DEUS

O FILHO DE PEDRO BERNARDONE

A vida de São Francisco é muito conhecida, pelo que lhe dedicamos, aqui, somente uma pequena parte. Ela nos interessa em virtude da influência que teve sobre Clara a clamorosa conversão do filho de Bernardone, que se despojou de tudo para poder chamar-se verdadeiramente de filho de Deus.

A crise espiritual que mudou Francisco de "flor da juventude de Assis" para esposo da mais perfeita pobreza (de 1206 a 1209) ocorreu dos treze aos dezesseis anos de Clara. Tal crise se firmou pouco a pouco como pedra fundamental na conversão do jovem, e tão clamorosamente que, certamente, foi conhecida por Clara e por toda a cidade de Assis.

Em Assis sempre foi muito conhecido o filho de Pedro Bernardone. Era o mesmo Francisco que buscava todas as formas de brilhar e de chamar a atenção; essa era uma característica que, em certo sentido, ele tinha desde que fora batizado com o curioso nome Francisco, imposto por seu pai ao regressar de uma viagem de negócios na França, em substituição ao nome João, que lhe haviam dado por sugestão de sua mãe.

Entre os jovens da cidade, Francisco havia brilhado por seus dotes naturais, a prudência e a atividade herdada do pai comerciante, a magnanimidade e a ambição aventureira de cavaleiro herdada de sua mãe, Pica.

Desde o início havia sentido fascínio pelo luxo mundano, e entre os comentários no mercado se falara tanto sobre o quanto podia custar a Pedro Bernardone aquele filho que, somente para distinguir-se dos demais, havia mandado fazer uma túnica metade de pano precioso e a outra metade de pano comum; que, somente para ter prioridade sobre os demais, se havia feito eleger habitualmente como "dono da festa", sustentando os gastos dos festejos do grupo de jovens do qual ele fazia parte.

Com o tempo, Francisco tinha-se cansado daquela vida e "caído de amores" pelas armas. Desse modo, um dia viram-no sair, armado da cabeça aos pés, pela porta de São Jorge, tomando o caminho de Roma. Dirigia-se a Puglia, de onde – dizia ele – regressaria com a investidura de cavaleiro, sempre seguro de que seria um grande príncipe.

Ao invés disso, voltou para Assis poucos dias depois – sem entusiasmo algum pela guerra –, com as rédeas frouxas e uma estranha expressão no rosto.

CONVERSÃO DE SÃO FRANCISCO

Desde aquele dia, as "extravagâncias" de Francisco não eram mais comentadas: ele tinha começado a buscar lugares solitários aonde não chegavam os ruídos da vida cotidiana. Preferia o campo, onde às vezes passava dias inteiros. Nesse solitário peregrinar, costumava entrar nas pequenas igrejas, que naquele tempo eram numerosas nos arredores da cidade. Até que um dia correu o boato de que Francisco não havia voltado para casa, que estava numa gruta perto de São Damião. Viram-no depois aparecer nos arredores da Igreja de São Jorge, com as roupas em farrapos e sinais de "loucura" em seu rosto. Haviam caçoado dele, tratando-o como um louco. Toda Assis estava presente quando ele se despiu diante de Guido, o bispo, para restituir suas roupas a Pedro Bernardone.

Tudo isso chegou aos ouvidos de Clara, e em seu coração ela meditava continuamente as palavras que Francisco dissera ao bispo, que o convidava a devolver ao pai o dinheiro que havia tomado: "Senhor, não somente o dinheiro, que é seu, quero entregar também todas as minhas roupas".

É o caminho da pobreza absoluta que o torna ágil para seguir a Cristo. Quem é pobre, absolutamente pobre, a ponto de não possuir, sequer a roupa do corpo – como Francisco, que não a possui, somente a usava até encontrar alguém que, em nome de Cristo, a pediria ou pareceria ter mais necessidade que ele –, não tem nenhuma preocupação de caráter material que lhe impeça de servir a Deus, não tem nada a defender, porque nada possui, vive apenas para servir ao Senhor, confiando naquele que disse: "Não vos preocupeis, dizendo: O que comeremos? O que beberemos? O que vestiremos? Os pagãos é que vivem se preocupando com todas essas coisas. O vosso Pai celeste sabe de que necessitais. Buscai em primeiro lugar o Reino de Deus e a sua justiça, e todas essas coisas vos serão dadas por acréscimo" (Mt 6,31-33).

Também está escrito: "Não leveis ouro, nem prata, nem dinheiro à cintura; nem sacola para o caminho, nem duas túnicas, nem sandálias, nem bastão, pois o trabalhador tem direito a seu sustento" (Mt 10,9-10). E Francisco saiu a pregar em Assis.

SÃO FRANCISCO PREGA EM ASSIS

Era a primavera de 1209: na cidade cansada da guerra, suas palavras são como "fogo ardente que penetra até as fibras mais ocultas do coração" (Tomás de Celano, *Vida* I, 23). Prega nas igrejas, e seu: "O Senhor vos dê a paz" ressoa nas abóbadas e se extingue como um sopro de vida nas almas inquietas.

Prega também na Catedral de São Rufino. O conteúdo de sua pregação é muito simples: apega-se apenas às verdades fundamentais, os *Novíssimos* (a escatologia contida no Eclesiástico), o Evangelho. Expõe a Palavra de Deus com o ímpeto de quem é inspirado; seu falar é arrebatador e, ao mesmo tempo, tão profundo e claro que prende as almas.

Fala da pobreza, que é não possuir nada para conquistar tudo em Deus. A sua pobreza não é mera teoria, porque todos os ouvintes sabiam que Francisco era filho do mais rico comerciante de Assis e que se despojou de tudo a fim de seguir à risca o Evangelho. Também Clara o sabe e se pergunta se Deus não quer dela também uma doação total, como a de Francisco, o abandono de tudo sem reservas.

A filha de Favarone sabe bem como vive Francisco e aquele grupo de homens, doze ao todo, que o segue: vão de casa em casa mendigando um pedaço de pão, depois de terem trabalhado o dia todo sem recompensa alguma. Recompensa para eles é a glória de Deus, a única forma de oração que não se concentra em si mesma, mas que se eleva ao infinito e que se satisfaz sem pedir outra coisa senão ser desprezada. A única oração, aquela de louvor a Deus, que tem muitas vozes, porque toda a criação participa, o canto da cotovia diante do sol e o som da cigarra no verão, de modo que não tem voz porque sua forma mais alta é a silenciosa adesão à vontade do Altíssimo.

Clara sente compaixão por esse grupo que nada pede, exceto a caridade. Bona Guelfúcio tem, assim, novas missões caritativas a realizar para ela, como ir de Assis à Igrejinha de Santa Maria da Porciúncula, onde os frades estão trabalhando, para levar-lhes dinheiro, a fim de que possam de vez em quando alimentar-se de algo mais substancioso do que o habitual pedaço de pão.

Por outro lado, de Francisco se tem ocasião de falar na casa dos Ofredúcio: porque – estamos em 1210 – também Rufino, filho de Scipione, primo de Clara, prefere o simples hábito de Francisco às comodidades da casa paterna.

CLARA NO CAMINHO DA POBREZA

A pobreza, ou seja, o "seguir despojado a despojada cruz", de que fala São Jerônimo, é o que atrai a figura de Francisco. Quando fica claro, também para a filha de Favarone, que uma verdadeira e total doação a Cristo não pode realizar-se senão através da renúncia completa, seu caminho está decidido: renunciará a tudo por amor a Cristo. O caminho de Francisco será também o de Clara.

É certo que o programa de absoluta pobreza por amor a Cristo não é um dos mais fáceis de realizar por parte de uma moça de família nobre e bem situada, sobretudo a alguém que ainda nem completou dezoito anos. Se Clara tem certeza do chamado a uma doação total, para ela é muito menos evidente como será essa forma de doação.

O desejo de renunciar a tudo, ao mundo e a si mesma, é de uma precisão absoluta, porque a alma que se sente chamada por Deus a uma total doação tem impresso, como marca indelével, o chamado aos votos de castidade (despojamento dos prazeres legítimos), de pobreza (despojamento também do necessário) e de obediência (despojamento da própria vontade).

Assim acontece com Clara, que, diante do Cristo crucificado, se doa inteiramente e sem reservas. Quisera ter mais para mais doar ao Criador de todas as coisas! Mas não sabe de que forma essa doação deve realizar-se. Sua doação total a Deus na pobreza pregada por Francisco requer um abandono absoluto à Providência. Clara deseja esse abandono, mas não lhe parece evidente de que maneira isso se realizará.

Ela necessita, pois, que Francisco lhe esclareça o caminho pelo qual se encaminhará à vontade de Deus. O caminho é o mesmo que Deus indicou ao seu Santo e no qual ela se desenvolverá em função de complementar o de Francisco.

EM DIÁLOGO COM FRANCISCO

Acompanhada pela fiel Bona de Guelfúcio, às escondidas de seus parentes, Clara vai falar com Francisco. De sua parte, ele já conhece sua virtude, notável em toda a cidade de Assis. Além do mais – diz um antigo biógrafo da Santa –, conhecendo a fama da bondade de Clara, ele não deseja outra coisa senão afastá-la do mundo e ofertá-la totalmente a Deus.

Clara fala com Francisco. Bona permanece ao seu lado, silenciosa. E Francisco vai para esse diálogo acompanhado por Frei Filipe Longo, que tudo escuta.

A jovem confessa-lhe o chamado de Deus e pede-lhe ajuda para atendê-lo segundo o plano divino.

Então, "pai Francisco a exorta a desprezar o mundo, e demonstra-lhe com linguagem ardente o quanto é estéril a esperança fundamentada no mundo, o quanto é enganosa sua aparência. Sussurra-lhe aos ouvidos a doçura das bodas com Cristo e a exorta a conservar intacta a sua castidade virginal para o esposo bem-aventurado, que o amor encarnou entre os homens" (*Legenda de Santa Clara*, 5).

Bona, interrogada durante o processo de canonização da Santa sobre o que teria dito São Francisco, responde que "ele sempre lhe dizia para converter-se a Jesus Cristo", ou seja, que dirigisse toda a sua vida, todos os movimentos de sua alma e de seu corpo para o amor de Jesus Cristo.

De que tipo era a eloquência de Francisco quando se tratava de falar de Deus e da caridade podemos compreender a partir das muitas passagens de seus escritos, entre os quais tomamos como exemplo uma passagem da Primeira Regra dos Frades Menores:

Nada desejemos, nada queiramos, nenhuma coisa busquemos senão o Criador, Redentor e Salvador nosso, somente ele o verdadeiro Deus, que é plenitude do bem, todo bem, sumo bem, o único bom, piedoso, suave e doce, o único Santo, justo, verdadeiro, sincero, benigno, inocente e puro, do qual, pelo qual e no qual se encontra toda remissão, toda graça, a glória de todos, penitentes e justos, de todos os bem-aventurados que juntos desfrutam do céu. Nada nos retenha, nada nos separe dele, nada se interponha. Onde estivermos todos nós, em todo lugar, em todo momento, em todo tempo, em tudo e continuamente, acreditemos com firmeza e humildade, e levemos em nosso coração e amemos, honremos, adoremos, sirvamos, louvemos e bendigamos, glorifiquemos e exaltemos, magnifiquemos e agradeçamos ao Altíssimo, Sumo e Eterno Deus, Trindade e Unidade, Pai e Filho e Espírito Santo, Criador de todas as coisas, Salvador de quem crê e espera nele e o ama, que não tem princípio nem fim, imutável, invisível, inenarrável, inefável, incompreensível, inescrutável, bendito, digno de honra, glorioso, exaltado, sublime, excelso, suave, amável, deleitável e sobre todas as coisas desejável, pelos séculos dos séculos (1R 23).

Também na carta entregue a Frei Leão:

Tu és santo, Senhor Deus único, que fazes maravilhas. Tu és forte, tu és grande, tu és o Altíssimo. Tu, rei onipotente, tu, Pai Santo, rei do céu e da terra, tu o trino e uno, Senhor Deus, todo bem. Tu és o bem, o sumo bem, Senhor Deus vivo e verdadeiro. Tu és caridade, amor. Tu és sabedoria, tu és humildade, tu és paciência, segurança. Tu és quietude, tu és alegria e felicidade. Tu és justiça e temperança. Tu és beleza, tu és humildade. Tu és protetor, tu és custódia e defensor. Tu és fortaleza, tu és refúgio. Tu és nossa esperança. Tu és nossa fé. Tu és toda a nossa doçura. Tu és nossa vida eterna, grande e admirável Senhor, Deus onipotente, misericordioso Salvador.

Não se trata de um elenco de termos. É a plenitude do coração que, falando de Deus, não consegue expressar-se senão somando uma a outra todas as qualidades humanas mais elevadas, sem conseguir expressar aquilo que se pode expressar somente no silêncio de adoração.

É assim que São Francisco fala de Deus a Clara, e a ela "se abre de improviso a intuição da alegria eterna, em confronto com a qual o mundo inteiro se torna um nada; o desejo de tal alegria torna-se menor e, perante o ardente desejo que experimenta, almeja pelas núpcias eternas" (*Legenda de Santa Clara*, 6).

A intuição de Deus – "o verdadeiro sumo bem, o único bem" – é aquela da qual fala Clara, através das palavras de São Francisco; a intuição que a graça de Deus concede àqueles que o buscam com um coração humilde e sincero. E como sucede aos olhos cegados inesperadamente pela luz, como a luz do sol quando se sai da penumbra, não distingue as coisas que pareciam claras, e parece completa escuridão ali onde há pouco se distinguiam com facilidade os objetos, assim a súbita intuição de Deus tira de Clara toda capacidade de ver outra coisa, e tudo, nessa comparação, lhe parece escuro, pálido, descolorido.

SÃO FRANCISCO, GUIA DE CLARA

Ao primeiro encontro com o homem de Deus, seguiram-se outros. Clara confia sua alma a Francisco, para que a guie segundo o desígnio do Senhor, e o obedece em tudo.

"Nada mais desejemos, nada mais queiramos, nada mais me agrade nem deleite senão o Criador, Redentor e Salvador nosso, o único e verdadeiro Deus, que é a plenitude do bem, de cada bem, todo o bem, o verdadeiro e sumo bem...", isso lhe disse Francisco. A Santa não escuta outra coisa. Para ela, não existe mais o canto dos pássaros que povoam os ares na quietude das primeiras tardes de outono e enquanto a neve do inverno branqueia tudo. Para Clara, o vento que resvala pelas paredes de pedra do monte Subásio e açoita as janelas não produz nenhum ruído.

Assim se aproxima a primavera de 1211. Março, precedido pelo ritmo grave da Quaresma, e o Domingo de Ramos, 28 de março, não está longe.

Antigamente, durante os primeiros séculos do cristianismo, o Domingo de Ramos era um dia em que se expunham oficialmente as verdades da fé e as normas da moral cristã aos catecúmenos que deveriam receber o Batismo no sábado seguinte. Francisco escolhe esse dia para a doação de Clara a Deus, exatamente o Domingo de Ramos, que também dará à jovem uma norma: a de "renunciar a si mesma", de que fala Cristo (cf. Mt 16,24). Clara demonstrará que nenhuma outra norma, como aquela da renúncia a si mesma, está por trás da promessa de Cristo: "... e a vossa alegria, ninguém poderá tirá-la" (Jo 16,22).

O ÚLTIMO DIA

Uma última visita ao Santo: Francisco dá a Clara as últimas orientações para sua fuga de casa. No Domingo de Ramos, ela estará, como de costume, com as demais jovens na igreja de São Rufino para a cerimônia da distribuição dos ramos, e se vestirá, mais uma vez, com especial cuidado, com luxo e suntuosos vestidos. Na noite seguinte, entre o Domingo de Ramos e a segunda-feira da Semana Santa, deixará sua casa às escondidas, acompanhada por algumas pessoas de confiança, e se dirigirá a Santa Maria da Porciúncula, onde Francisco e seus frades a esperam para consagrá-la a Deus.

Domingo de Ramos: última nota festiva antes do pranto da Semana Santa. Jesus sobe a Jerusalém montado num burrinho. Ao seu redor, o povo exultante lhe rende homenagens, agitando ramos de palmeiras e clamando: "Rei de Israel". Mas Jesus pensa que a hora da Paixão está chegando, e diz: "Minha alma está perturbada. E o que direi? Pai, livra-me desta hora? Mas foi precisamente para esta hora que eu vim. Pai, glorifica o teu nome" (Jo 12,27-28).

O Domingo de Ramos manteve ao longo dos séculos, radicado profundamente em si, esse caráter de festa exterior, ao qual corresponde uma dor interior, uma reflexão da hora que vem. E traz sempre uma sensação de tristeza, ou melhor, de perturbação dolorosa, que somente se pode dissolver no abandono total à vontade de Deus.

A Catedral de São Rufino, iluminada pela serena luz da primavera que entra pela abóbada através das rosáceas, pelo luxo dos hábitos festivos multicolores e pelo farfalhar dos ramos que o Bispo Guido vai distribuindo a todo o povo congregado, tem ar de festa. Também é festa e harmonia de cores o grupo das jovens da nobreza. É seu momento de aproximar-se do altar e receber o ramo: uma, outra, mais outra. Chega a vez de Clara, mas ela não se move. Os olhos de todos voltam-se para ela: por que não se move? Estará absorta em oração, ou distraída, ou não sabe como mover--se ante os olhares das pessoas que a observam? Todos ficam perplexos pela espera, mas num instante, como a coisa mais natural do mundo, o Bispo Guido desce as escadas do altar, aproxima-se de Clara e lhe entrega a ramo. Clara diz para si mesma: "Eu vim exatamente para este momento: Pai, glorificado seja o teu nome!".

A FUGA DA CASA PATERNA

Cai a tarde, uma tarde normal de um dia de festa. Em casa, ninguém sabe de nada. Das amigas e companheiras de Clara, ninguém está inteirada de seu plano. Bona, a única que a seguiu passo a passo em sua vocação, desde o início de sua decisão e da entrega total ao Senhor, agora que tudo está por concretizar-se, não se encontra em Assis, mas em Roma, para celebrar a Quaresma.

A escuridão adensa-se cada vez mais: a tarde, pouco a pouco, dá lugar à noite. Chegou a hora, e o silêncio não faz outra coisa senão repetir: "Quem ama seu pai ou sua mãe mais do que a mim, não é digno de mim" (Mt 10,37).

A jovem dirige-se a uma porta secundária da casa: seria muito perigoso sair pela porta principal que dá para a praça. Ela se detém alguns instantes ante o primeiro e grave obstáculo: a porta está fechada por grandes e pesadas vigas e uma pilha de pedras que desanimaria a audácia de qualquer pessoa. Mas Clara deve prosseguir. Infunde-lhe força a ideia do agora ou nunca mais. A porta se abrirá para a liberdade suprema, aquela de que Francisco a fez enamorar-se; a liberdade que existe em servir a Deus em todos os instantes, na mais absoluta fidelidade à sua Palavra. E a porta se abre para a escuridão da noite, vamos: "O Senhor é meu pastor... me guia pelo caminho seguro... mesmo que eu caminhe por um vale escuro, não temerei mal algum, porque tu estás comigo, teu bastão e teu cajado me dão segurança..." (Sl 23,1-4).

CAPÍTULO III

SÃO DAMIÃO

CLARA NA PORCIÚNCULA

Na pequena Igreja de Santa Maria da Porciúncula, no fundo do vale, entre o bosque cerrado, os frades em vigília e oração esperam pela chegada de Clara.

Assim que ouvem a jovem aproximar-se com quem a acompanha, saem para recebê-la com tochas acesas. Clara entra na igreja e, prostrada diante do altar da Virgem Maria, se consagra a Deus pelas mãos de Francisco. Como sinal de consagração, o Santo lhe corta os longos cabelos.

Com esse gesto, Clara pretende despojar-se de toda exterioridade e dedicar-se totalmente ao Senhor. Aquele gesto que a separa do mundo lhe concede uma posse mais verdadeira e mais plena: converte-a em "irmã, esposa e mãe do Filho do Altíssimo e da gloriosa Virgem" (*Carta* I, 1, 8), desfrutando daquela alegria nova e sem igual, que somente o Senhor sabe dar quando possui totalmente a sua criatura.

É um momento: o tempo de dizer um sim de joelhos diante da Virgem dos Anjos, mas que vale por toda a vida.

Depois, Francisco conduz Clara ao amparo do mosteiro das beneditinas, chamado São Paulo das Abadessas, onde hoje se encontra a atual abadia, próxima a Assis.

É certo que Clara não tem intenção de abraçar a forma de vida beneditina. Se assim fosse, não teria sentido algum sua fuga na noite para a Porciúncula e o abandonar-se com fé desnuda, mais além de toda estrutura humana ao Pai Celestial através de São Francisco. Uma futura filha de São Bento teria ido diretamente ao mosteiro beneditino e teria se consagrado a Deus ali, segundo o costume, aderindo a uma Regra bem definida.

Mas Clara não é uma filha de São Bento e Santa Escolástica: nesse momento não fez voto de aderir a uma Regra precisa, mas de se oferecer a Deus completamente, sem restrições. Contempla a cruz e a segue sem olhar para trás, na liberdade que em si mesma torna livre, na castidade que em si mesma permite ter os olhos inteiramente postos em Deus, na obediência que despoja de si mesma, como a pobreza despoja das coisas materiais. Pronunciando o "sim", não necessita de Regra alguma: tudo lhe parece uma restrição diante da totalidade de sua entrega.

REAÇÃO À FUGA DE CLARA

Levar Clara a um mosteiro beneditino, por parte de Francisco, é apenas um ato de prudência, prevendo a tempestade que logo seria desencadeada pelos parentes de Clara, como de fato aconteceu assim que se deram conta da fuga da primogênita.

Surpreendente é o fato de ela sozinha ter conseguido desbloquear a saída das pesadas vigas que a obstruíam. Ao saber onde ela se encontrava, correm a São Paulo das Abadessas com o propósito de devolver a fugitiva à sua casa. Mas o mosteiro de São Paulo, como todos os mosteiros, igrejas e lugares sagrados em geral, desfruta do direito de asilo, pelo que incorre em excomunhão qualquer forma de violência contra aqueles que nesses lugares se refugiam. Clara não teme que a levem à força, mas sim a outra forma de violência, não penalizada por excomunhão, que pesa sobre a alma muito mais do que possa pesar a força física ao corpo; a tal forma de violência apelam os parentes, que por vários dias insistem, pedindo que regresse, recordando-lhe os doces momentos passados em casa, na intimidade da mãe e das irmãs, ora fazendo-lhe imaginar um futuro de felicidade terrena, ora acusando-a de ingratidão e recorrendo a injúrias e ameaças.

Clara, porém, não cede. Finalmente, após tantos dias de tormento, ela faz um gesto que tem o poder de acabar com toda insistência por parte dos familiares: permanecendo ao abrigo do altar, como se recuperasse forças e ao mesmo tempo buscasse um escudo de defesa, ela tira o véu e mostra a cabeça raspada, que é sinal de pertença total a Cristo. Com seu gesto, Clara parece demonstrar que não é mais uma jovem do mundo, já não é a filha primogênita de um rico e nobre habitante de Assis, não leva mais em consideração a felicidade humana nem mantém a esperança de pertencer a outro que não seja Jesus Cristo. E diante de tanta força e segurança, não resta aos familiares outra coisa senão ceder e ir embora, confusos.

Francisco, juntamente com Filipe e Frei Bernardo, leva Clara dali, porque a prolongada permanência dela no mosteiro beneditino poderia justificar um ataque por parte dos parentes e, ademais, Clara não tinha intenção de abraçar a Regra de São Bento. Talvez as próprias monjas tenham solicitado a sua saída, pelos problemas causados ao mosteiro.

Um outro mosteiro beneditino vai receber a jovem: o mosteiro de Santo Ângelo di Panzo. Localizado nos declives orientais do Subásio, pelo caminho elevado rumo ao Spello, fora da Porta Antiga, esse mosteiro, que hoje não existe mais, segundo uma sugestiva lenda, deve seu nome ao Anjo da Paz – *Angelus Pacis*.

A IRMÃ INÊS

Dez dias depois de Clara sair de casa, chega a Santo Ângelo sua irmã mais nova, que, segundo a tradição, tem o nome da invicta virgem romana Inês.

Vem para servir completamente o Senhor – diz ela –, e Clara, que amava sua irmã tão intensamente a ponto de pedir a Deus que a chamasse para o mesmo caminho, não pôde senão alegrar-se, louvando e agradecendo a Deus por ter convocado sua irmã de sangue ao mesmo ideal. Um gostoso abraço entre a duas faz de Inês a primeira seguidora de Clara na pobreza de Cristo.

RESISTÊNCIA DE INÊS

Mas dessa vez Favarone está mais que decidido a recuperar a filha, viva ou morta. Monaldo guia um grupo de doze homens e se dirige a galope a Santo Ângelo di Panzo.

Regressou carregado, depois de algumas horas, como um endemoniado, sem Inês, com um braço e um lado do corpo enrijecidos, paralisados dentro de sua armadura e guantes de ferro. Referiu-se seca, clara e impavidamente:

"Com as monjas usei de prudência: fui mandado pelo pai para conversar com Inês, e se elas não o permitissem, teríamos recorrido ao bispo. Disseram-me para entrar no primeiro claustro, que não é de clausura. Inês ainda conservava os seus cabelos: ou não estava decidida, ou esperava que os frades o cortassem, ou então as monjas queriam ser cautelosas. Isso me animou, porque queria dizer que não havia cumplicidade entre ela e os frades... no entanto, ela estava decidida, e assim que eu lhe ordenei: 'Você regressa para casa conosco e obedece a seu pai', ela tentou refugiar-se na clausura, mas eu a detive na porta. Meus homens esperavam com as armas em punho fora do mosteiro, não entraram. Inês gritou que não queria vir e outras coisas. Eu a detive: 'Não quer obedecer às ordens de seu pai?'. Eu me sentia arder de raiva contra aquela desobediência desavergonhada. Vi no rosto dela que minha expressão, dentro da armadura, devia ser horrível. Mas ela não quis obedecer. Três vezes lhe perguntei, e na terceira manifesta desobediência gritaram também das celas as monjas e Clara. Dois de meus homens a detiveram, viva e sem excomunhão, como havia pedido o pai. Ela lutava, soltaram-se-lhe os cabelos e algumas mechas ficaram entre os dedos dos servos pouco delicados, assim como pedaços de seu vestido rasgado, quando a arrastaram. Vai dizer que foi golpeada, e não posso negar: são guerreiros e pouco suportam que se desobedeçam minhas ordens. Depois, furioso, eu gritei. Ela lutava com uma força incrível. Fui eu quem quis bater nela fora do mosteiro, na rua, entre os olivais, com o guante de ferro que, sinceramente, bastaria para amassar uma cabeça mais sólida do que a de uma jovenzinha. Assim as coisas sucederam. Ela gritava, chorava e pedia ajuda a Cristo, a Clara, às monjas, às pessoas que acorriam. 'Gente', pensei, 'aqui se origina um escândalo!' E na hora que os servos a puseram no chão, disseram que ela pesava tanto que não conseguiam sustentá-la. Vocês acreditariam nisso? Eu não, certamente! Ordenei que a levassem em quatro, um em cada braço e perna; depois, em seis. Parecia-me uma brincadeira. Não eram capazes de erguê-la do solo! Ou o medo os paralisava ou estavam mentindo. Nesse caso, não há persuasão que funcione. Vale somente o exemplo de não ter medo. Por isso, fui decidido a dar uma surra nela; estava tão decidido que não medi a força. Os frades dirão que é um milagre, eu digo que a causa é a raiva: aqui estou eu, me atraiçoaram, agora peso mais do que Inês; perdi a metade do corpo, o braço está duro e rígido, não enxergo de um olho, restou-me somente a língua leve e veloz..." (A vivíssima página de Ricardo Baccheli, da novela histórica: *Non ti chiamerò più padre*, Milão, 1959, pp. 712-713, é perfeitamente fiel à realidade histórica).

Assim, Monaldo e seus homens voltam aos Favarone sem a jovem, que, de repente, se tornou pesada demais para os braços de seis homens fortes. Mas o relato desse episódio não está completo: falta dizer aquilo que os homens de Monaldo não podem dizer, e Clara o faz. Enquanto Inês jaz no solo, quase morta pelos golpes, entre os olivais, ao lado do arroio que os homens de Monaldo não conseguem de modo algum atravessar com o peso de Inês nos braços, Clara chega pedindo aos parentes que desistam da violência e deixem a irmã aos seus cuidados. Quando os homens armados partem, Inês se levanta alegre e retorna com Clara a Santo Ângelo.

Pouco depois, Francisco veste Inês com o hábito religioso, consagrando-a para sempre ao Senhor.

CLARA EM SÃO DAMIÃO

Santo Ângelo di Panzo também não é a sede determinada pela vontade do Senhor a Clara, que, guiada por Francisco, vai até Deus por um caminho espiritual diferente do beneditino. Então, dentro de poucos dias Francisco a conduz definitivamente para um pequeno mosteiro, junto a uma igreja fora das muralhas de Assis, que todos conhecem como o santuário da pobreza: São Damião.

Destino permanente de peregrinações, São Damião atrai e permanece no coração de muitos, seja pelo ar de poesia que se respira no claustro e entre os ciprestes que sobressaem do muro que o rodeia, os quais parecem ter uma aparência singular, seja pelo toque peculiar de sua igrejinha.

Mas São Damião não é simplesmente poesia: é franciscanismo verdadeiro, que se converte em sentimento poético somente para quem o vê de fora e não se esforça para entrar nele, para quem imagina um São Francisco todo doçura, inclinado sobre um lobo – imagem tantas vezes representada em azulejos –, mas não conhece o São Francisco que, chagado e sangrando, desce do Alverne, como um outro Cristo.

Para quem é capaz de enxergar a realidade sob os lugares comuns, São Damião é o emblema do franciscanismo verdadeiro. Para descobri-lo talvez seja preciso descer às condições do espírito do jovem Francisco.

Vagando pelos campos durante a luta espiritual que precedeu sua conversão, encontrando-se perto da igrejinha em ruínas, ele entrou e ajoelhou-se diante do Crucifixo, com o coração agoniado pela busca de algo indefinido e indefinível, que preencheria a insatisfação de sua alma, busca de todo homem, como agora: "Senhor, que queres que eu faça?".

A Francisco respondeu a voz de Cristo, através do Crucifixo bizantino; a nós, quem responde em São Damião é a simples nudez das paredes alinhadas do chamado "coreto", a escada íngreme pela qual se tem acesso ao oratório e ao dormitório de Santa Clara e suas companheiras. Não há nada em São Damião que não fale de pobreza e de oração, nada que não convide à simplicidade, somente à busca de Deus, onde se sente como um peso insuportável tudo aquilo que é supérfluo.

Ao se afastar desse oásis de paz, as pessoas sempre ficam sedentas de simplicidade, desejando levar consigo, ao mundo ao qual regressam, esse franciscanismo verdadeiro, que é buscar em cada ação somente a glória de Deus, através da imitação constante de Cristo. Para vivê-lo, Francisco não precisa desse oásis; para ele, o sinal exterior é o hábito.

Nesse ninho de pobreza Clara permanece até a morte: passa quarenta e dois anos encerrada entre quatro muros, quarenta e dois anos de oração, de silêncio, de pobreza, de penitência, de caridade para com as Irmãs.

AS PRIMEIRAS COMPANHEIRAS E A PRIMEIRA REGRA

Pouco depois da sua chegada a São Damião, chega também Pacífica, a amiga que frequentava sua casa desde a infância, assim como Benvinda de Perúgia. De longe, até onde a fama de seu gesto se difundiu, e seguindo suas pegadas, vêm a São Damião outras jovens desejosas de tomar parte desse novo grupo evangélico, que não tem outra bandeira senão a da humildade e da pobreza de Cristo, nem outra finalidade senão a de seguir a Cristo até a cruz, vivendo como "Irmãs Pobres" em comunhão fraterna e plena abertura ao Espírito do Senhor. Clara pensa que a Ordem que está nascendo em São Damião parece "um pequeno rebanho que o Altíssimo Pai gerou em sua santa Igreja, por meio da palavra e do exemplo do nosso bem-aventurado pai Francisco, exatamente para imitar a pobreza e a humildade de seu amado Filho e de sua gloriosa Virgem Mãe" (*Testamento de Santa Clara*, 46).

Das primeiras companheiras da Santa conservam-se, além do nome, o testemunho de santidade de vida: arrastadas pelo exemplo de Clara, elas aprendem a doar-se sem medida, a ser fiéis ao ideal da Madre, sem renunciar aos compromissos. A Benvinda une-se Balbina de Messer de Martinho e, no ano seguinte, Filipa, a filha de Leonardo de Gislério. Todas elas, seguindo o exemplo de Clara, entram em São Damião, prometendo obediência a Francisco, que, por sua vez, se preocupa com a pequena comunidade das

Damianitas e, depois de um tempo, lhes dá um Regra de vida, onde põe à prova o seu valor.

Escreve Santa Clara na Regra, aprovada pela Sé Apostólica em 1253, e que sintetiza a forma de vida em São Damião:

> O beato pai, considerando que não temíamos nenhuma pobreza, fadiga, tribulação, humilhação e desprezo do mundo, e mais ainda, considerávamos grande delícia, movido por sua benevolência, escreveu para nós a Forma de vida deste modo: "Porque, por inspiração divina, se fizeram filhas e servas do Altíssimo e sumo Rei, Pai celestial, e foram desposadas pelo Espírito Santo, escolhendo viver segundo a perfeição do santo Evangelho, quero e prometo, de minha parte e de meus irmãos, ter sempre por vós, como por eles, cuidado atento e solicitude especial". Isso, que ele com toda fidelidade cumpriu enquanto viveu e quis que fosse cumprido por seus frades.

Mas o diligente cuidado e especial solicitude que Francisco e seus companheiros têm para com Clara e as Damianitas é continuamente precedido pelo cuidado e solicitude que elas têm para com a Divina Providência.

Pacífica de Guelfúcio testemunha um fato milagroso que sucedeu no verão de 1213.

Não havia no mosteiro uma só gota de azeite, nem mesmo o pouco necessário para a comida das enfermas. Clara chama o frade encarregado de pedir a caridade ao mosteiro, Frei Bentevenga, para que vá pedir um pouco de azeite pelo amor de Deus, e lavando um jarro, coloca-o sobre um muro junto à porta, a fim de que o frade possa levá-lo. O recipiente vazio permanece ali por pouco tempo, o suficiente para que o frade chegue até a porta. Mas quando o toma nas mãos, ele se dá conta de que o jarro está cheio e vai embora aborrecido com aquelas monjas que o fazem perder tempo, chamando-o inutilmente. É assim que a Providência de Deus atua, respondendo à fé de Clara.

UM GRUPO CHAMADO A VIVER O EVANGELHO

Voltando aos primeiros anos de São Damião, um testemunho notável de Jacques de Vitry-sur-Seine, que, após ser consagrado bispo de Acre (Ptolemaida, Akkon), em sua partida para o Oriente escreve uma carta em Gênova, datada de 1216:

> Encontrei naquelas regiões (ele se refere à sua permanência na cúria papal em Perúgia) algo que me foi de grande consolo: pessoas de ambos os sexos, ricos e leigos, que, despojando-se de todas as suas propriedades por Cristo, abandonaram o mundo. Chamam-se *Frades Menores* e têm grande consideração por parte do Papa e dos cardeais. Eles não se imiscuem em assuntos temporais, ao contrário, com fervoroso desejo e veemente empenho, se esforçam dia após dia para arrancar a vaidade mundana das almas que estão para naufragar... eles vivem segundo a forma da Igreja primitiva, da qual está escrito: a multidão dos que acreditavam eram um só coração e uma só alma.
>
> Durante o dia eles entram nas cidades e nos povoados, empenhando-se ativamente para conquistar outros para o Senhor. À noite, regressam aos eremitérios ou a algum lugar solitário para dedicarem-se à contemplação.

As mulheres, ao contrário, vivem juntas em alguns asilos (hospitais, pequenos conventos), *não distantes da cidade, e não aceitam nenhuma doação, vivem apenas do trabalho de suas próprias mãos. Não é pequena a sua aflição por se verem honradas, seja por clérigos, seja por leigos.*

Por um critério externo à Ordem, as Mulheres Pobres aparecem aqui, em 1216, como um único grupo com os Frades Menores. Caracterizam-se, como eles, pela renúncia ao mundo e pelo abandono do mundo secular. Assim como eles, não se preocupam com bens temporais, mas somente em ganhar almas a Cristo.

Com sua forma de vida, elas renovam a experiência da Igreja primitiva, na fraternidade de sua vida "com um só coração e uma só alma".

Não aceitam posse alguma: são pobres, como os Frades Menores.

Vivem, como Francisco e seus companheiros, do trabalho de suas mãos.

Ademais, não existe entre os Frades Menores e as Damas Pobres a promiscuidade das confraternidades mistas de penitentes, muito ativas naquele tempo. Mas aparece com clareza, pelos testemunhos, que as Irmãs Pobres não vivem o mesmo tipo de vida de seus irmãos menores. Os frades, de fato, são itinerantes. Ao contrário, elas permanecem num pequeno mosteiro separado, "não longe da cidade". Os frades se dispersam pelo mundo. Ao contrário, as Damas Pobres levam uma vida em comum ("moram juntas"). Os frades se reúnem periodicamente em Capítulos. As Damas Pobres não deixam seus mosteiros.

Essas poucas pinceladas bastam para distinguir as Irmãs Pobres de qualquer outra Ordem ou associação daquela época. Clara e suas Irmãs, "as filhas que Francisco conquistou para o Senhor" (Celano, *Vida* I, 116), filhas de sua inspiração no Espírito, são exatamente outra coisa em relação à vida religiosa conhecida naquela época na Igreja. Elas são, junto com os irmãos menores, uma nova Ordem, com características revolucionárias e surpreendentes: uma Ordem que adquiriu de Francisco todo o aspecto evangélico de movimento, o seguimento de Cristo pobre e humilde, a fraternidade do grupo, transportando para o campo da fé e da esperança o caráter "itinerante" da Primeira Ordem.

Guiadas por Francisco, Clara e suas Irmãs não duvidam de "despojar-se" como ele. Encarnam profundamente, como ele, o mistério de Cristo pobre e crucificado, abraçando com decisão absoluta, com a fidelidade das mulheres de coração virginal, junto de Francisco, o único programa que é guiado inteiramente pelo Espírito do Senhor: o simples seguimento do Evangelho.

É fruto da fraternidade no âmbito da família religiosa, na qual os membros são todos "irmãos" e "irmãs"; a fraternidade universal com todas as criaturas; a união, enfim, com o "Rei da glória", que inebria de alegria numa experiência nupcial, na qual o ser humano se perde na bem-aventurança do sumo Bem.

Toda a aventura espiritual de Francisco voltam a viver Clara e suas Irmãs até as últimas consequências: numa altíssima pobreza, que Clara defenderá infatigavelmente até o final de sua vida, mas também na fruição da "secreta doçura que Deus reservou desde o princípio para aqueles que o amam" (*Carta* III, 14).

Assim, marcada pelo carisma de Francisco e em obediência ao mesmo Espírito que opera através de Francisco, a Segunda Ordem passa através dos mesmos caminhos da Primeira Ordem:

- *"fazer penitência":* "Depois que o Altíssimo Pai celestial se dignou iluminar minha alma mediante sua graça, para que, seguindo o exemplo e os ensinamentos de nosso beatíssimo pai Francisco, fiz penitência..." (*Regra de Santa Clara*, VI, 1).

- *"seguir o Evangelho":* "A forma de vida da Ordem das Irmãs Pobres, instituída pelo bem-aventurado Francisco, é esta: observar o Santo Evangelho de nosso Senhor Jesus Cristo..." (ibid., I, 2).

- *"viver a altíssima pobreza":* "Observemos perpetuamente a pobreza e a humildade de nosso Senhor Jesus Cristo e sua santíssima Mãe e o santo Evangelho, como firmemente prometemos" (ibid., XII, 13).

- *"na fraternidade cristã":* "Sejam solícitas em conservar reciprocamente a união da caridade mútua, que é o vínculo da perfeição" (ibid., X, 7).

- *"na fidelidade à Igreja Católica":* "Súditas sempre e sujeitas aos pés da santa Igreja, firmes na fé católica..." (ibid., XII, 13).

Tudo no âmbito de uma dimensão contemplativa claustral, que coloca a Segunda Ordem ao lado da Primeira numa função complementar: para realizar um só corpo, no seguimento de Cristo, que prega às multidões sem interromper seu diálogo na solidão do monte, no mistério do Pai.

CLARA ABADESSA

Entre Francisco e Clara a relação é, sobretudo, de pai e filha, num laço de fé e obediência. Por obediência ao Santo e ao bispo de Assis, Clara é obrigada, três anos após sua chegada a São Damião, a aceitar o cargo de abadessa, e esse cargo ela o exercerá até o final da vida.

Nunca o considera uma honra, mas um serviço incômodo, que somente a obediência pode fazê-la aceitar, como escreve a propósito na Regra (c. IV). Lembra das recomendações que Francisco fazia a propósito do Ministro Geral dos Frades Menores (Celano, *Vida II*, 185):

> A abadessa considere o encargo que aceitou sobre si e a quem deve dar contas do rebanho a ela confiado. Procure presidir às outras mais por virtude e santidade de vida do que pelo ofício, para que as Irmãs a obedeçam mais por amor do que por temor.
> Não seja parcial em amar, para que não aconteça de, amando a umas mais do que a outras, tornar-se motivo de tumulto para todas. Console as que estão aflitas. Seja, portanto, o último refúgio para as angustiadas...

HUMILDADE

E não somente de palavra. Quanto mais alto é o cargo no qual se encontra por obediência, tanto mais se considera inferior a todas, de verdade "menor" como Francisco. Retém para si os trabalhos mais humildes da comunidade, considera uma honra servir às Irmãs, enquanto comem, e lavar os pés das Irmãs externas, quando regressam ao mosteiro. Não é raro que as Irmãs vejam sua abadessa inclinar-se emocionada, durante esses momentos em que lhes lava os pés, para beijá-los.

CARIDADE

Se Clara é para suas Irmãs um exemplo fiel daquela humildade que o Pobrezinho andava ensinando, não é menos verdade que seja para todas uma carinhosa mãe.

Durante as noites geladas de inverno em Assis, quando o vento tramontano faz gemer as janelas e entra por todas as frestas, uma mão está sempre atenta para agasalhar as filhas durante o sono, para que não passem frio. Rigorosa consigo mesma, na observância do jejum e da penitência, Clara quer mansidão daquelas suas filhas que ela sabe serem incapazes de suportar um rigor maior; está sempre de olho vigilante para notar nelas o mínimo sinal de fadiga, desalento, tribulação ou tentação. Quando isso acontece, chama de imediato a Irmã à parte, para consolá-la com todas as palavras que a caridade lhe põe nos lábios, e quando a consolação não parece suficiente para acalmar a preocupação, as palavras dão lugar às lágrimas.

Tal é a caridade que ela demonstra que, por vezes, quando encontra resistência no coração de uma filha, ela se prostra aos seus pés, com suas mais doces palavras e gestos maternais, e a conduz ao caminho do arrependimento.

Não sossega enquanto suas filhas não reencontram a paz de Deus, tampouco suporta vê-las sofrer fisicamente e levanta benévola a mão e faz um sinal da cruz sobre alguma enfermidade, que desaparece de imediato.

Assim, com um simples sinal da cruz, ela cura Irmã Benvinda de Madonna Diambra de uma chaga infeccionada sob o braço. E também Irmã Amata, que havia três meses estava imobilizada por causa da hidropisia, tão inchada que não conseguia nem inclinar a cabeça, Irmã Andrea de Ferrara e Irmã Cristiana, surda havia muitos anos, e Irmã Benvinda de Perúgia, que havia perdido completamente a voz. Muitas foram as Irmãs que ao longo dos anos, desde a chegada a São Damião até sua morte, Deus curou pelas mãos de Clara.

Como abadessa das Damianitas, preocupa-se verdadeiramente em "presidir às outras mais por virtude do que por ofício...", em consolar as aflitas, em ser refúgio para as angustiadas: acontece assim tal gesto de perfeição – segundo os testemunhos coincidentes das Damas Pobres no processo de canonização – que suas Irmãs têm nela um exemplo vivo da observação da Regra e da fidelidade ao carisma de Francisco.

FORTALEZA

A mesma mão de Clara, que, de fato, move-se rápido para cobrir suas filhas que dormem, também está disposta, à meia-noite, nas Matinas, a convocar as Irmãs para o coro, a acender as luzes da igreja, a despertar as Irmãs em silêncio, movendo-as quando não se levantam ao toque do sino.

Mestra do espírito, ela as "instrui, sobretudo, a afastar todo ruído da habitação da mente, para chegarem à profundidade do mistério de Deus... exorta-as a não dar atenção às exigências da fragilidade do corpo e a frear, com o domínio da razão, as tentações da carne", escreve um antigo biógrafo (*Legenda de Santa Clara*, 36).

Mas aqui a Santa também prefere ensinar mais com os gestos do que com as palavras, consciente de que o exemplo arrasta mais do que um longo discurso: para mortificar a carne em recordação dos sofrimentos de Cristo, ela faz penitências e jejuns que arrancam cada vez mais lágrimas de suas filhas.

MORTIFICAÇÃO

Satisfeita com uma túnica de lã áspera, feita em casa, como usavam os camponeses da Úmbria, por baixo dela usa ásperos cilícios, às escondidas das monjas, para não ser repreendida. Irmã Benvinda de Perúgia nos conta que a Santa "... mandou costurar uma veste de couro de porco, deixando os pelos e a cerdas em contato com a pele... assim como também quis fazer outra vestimenta de crina de cavalo e conservou algumas cerdas com as quais cingia seu corpo..." (*Processo de Canonização [Proc.]* II, 5).

Irmã Inês de Opórtulo, desejando imitar a Madre na penitência, conseguiu um cilício igual ao dela, mas o suporta durante apenas três dias, após os quais o devolve à Santa.

À noite, descansa por terra, tendo por travesseiro uma pedra do rio. Somente de vez em quando se concede como cama alguns ramos de videira. Depois, quando o corpo começa a enfraquecer-se demais, estende uma esteira e usa como almofada um pouco de palha. Enfim, quando adoece gravemente, usa um saco de palha, acatando a ordem de Francisco.

Pratica extraordinários jejuns.

Na terceira carta a Santa Inês de Praga, que lhe perguntara sobre esse assunto, ela responde:

> Porque nossa carne não é de bronze, nem nossa natureza é de granito, mas somos tão frágeis e propensas a toda debilidade corporal, rogo-te e suplico-te no Senhor moderar-te com sábia discrição, caríssima, nessa austeridade exagerada e quase impossível que sabemos que empreendeste; em troca, para que tua vida seja um louvor ao Senhor, oferece a ele um culto espiritual, e que teu sacrifício seja sempre temperado com o sal da prudência.

Esses são os conselhos de moderação que Clara dá a uma de suas seguidoras. Mas ela mesma está muito longe de segui-los. É assim que se pode dizer sobre ela o que Tomás de Celano diz de Francisco: que os jejuns e as penitências são uns dos casos nos quais há discordância entre as palavras do Santo, que convidam à moderação, e seu modo de agir, caracterizado pela mais severa austeridade. Assim também Clara, que se define mais de uma vez em seus escritos como "pequena planta do santo pai Francisco".

Ainda que convide Inês a ser moderada, ela realiza, de sua parte, uma abstinência "que não parecia ser realizável por um homem", testemunha Irmã Balbina de Messer Martinho (*Proc.* VII, II). De fato, por muito tempo, às segundas, terças e quartas-feiras ela não come alimento algum. Na Quaresma, durante a Semana Santa que precede a Páscoa, e no Advento, durante a semana em preparação ao Natal, ela se alimenta apenas de pão e água, menos no domingo, em que se concede um pouco de vinho, se houver. Assim, há dias de completa abstinência, seguidos de alguns dias de jejum a pão e água.

Tais mortificações que impõe ao seu corpo alimentam nela o desejo do martírio real. Jesus afirma que não há amor maior do que aquele que dá a vida pelas pessoas amadas, e Clara, quando vem a saber do martírio dos primeiros Frades Menores no Marrocos, em 1220, quis deixar São Damião para seguir-lhes o exemplo. Este é o único caso, segundo as fontes, em que a Santa desejou deixar a clausura, impelida tão somente pelo desejo de dar a Deus o testemunho ao qual Jesus nomeou como a maior prova de amor.

OBEDIÊNCIA

Os jejuns e penitências aos quais Clara se submete incidem gravemente em sua saúde, de modo particular a completa abstenção de todo alimento por três dias na semana. Por isso, Francisco e o bispo de Assis intervêm, impondo-lhe por obediência comer naqueles três dias ao menos "uma onça e meia" de pão (50 gramas, aproximadamente). Clara obedece.

Já foi dito anteriormente que a relação entre Clara e Francisco é, sobretudo, de pai e filha, numa união de fé e de obediência. E já vimos como Francisco intervém em sua vida para fazê-la aceitar o cargo de abadessa, e agora para fazê-la deixar a prática excessivamente austera do jejum.

A tradição popular alinhavou muitos relatos, quase sempre sugestivos e dotados de um movimento e de uma particular beleza, sobre a relação entre os dois santos. Não daremos lugar a tais narrativas porque, mesmo sendo belas, nenhuma delas supera a beleza da verdade de uma relação – como a de Francisco e de Clara – de dois seres humanos que se alegram mutuamente por ver o amor devotado ao Senhor, como cada um deles o faz, nascidos de um mesmo Espírito para realizar um único projeto: o seguimento simples e linear do Evangelho, numa função complementar. Vale a pena aprofundar a unidade do carisma de Francisco e Clara, da Primeira e da Segunda Ordem franciscana.

SÃO FRANCISCO E AS IRMÃS POBRES DE SÃO DAMIÃO

De fato, as duas Ordens, a dos Frades Menores e a das Irmãs Pobres de Santa Clara, nasceram como uma única Ordem, com uma única inspiração, no coração de São Francisco, no início de sua vocação.

A partir da experiência de Deus, feita por Francisco – numa noite estrelada pelas ruas de Assis – o Espírito do Senhor o despoja. E depois de tê-lo separado do mundo, chama-o para caminhar itinerante pelo mundo, pobre e vazio de si, convidando todos à penitência e levando a todos uma mensagem de paz, partilhando como um irmão o pão da Palavra e do amor de Deus feito homem.

No mesmo primeiro momento no qual Francisco – sozinho, diante do Altíssimo, na solidão de São Damião – se descobre imensamente livre – livre para sair cantando como o "arauto do grande Rei" pelos caminhos do mundo, empenhado sozinho com Cristo "na vastidão da clausura aberta", num "convento" feito de ar livre, de campinas, e montes distantes –, o Espírito do Senhor também chama Clara para o lado de Francisco, como complemento de sua vocação.

Clara, uma "dama pobre" dentro dos mesmos muros de São Damião, onde Francisco ouviu o chamado à vocação como seguimento de Cristo e como missão: "Vai, Francisco, e repara a minha casa!".

Clara, uma "dama enclausurada" no segredo de Deus numa noite de silêncio e contemplação, seguindo o diálogo de Francisco, "verme vil", com o "dulcíssimo Deus".

Ali em São Damião, São Francisco não planeja uma Ordem de Mulheres Pobres, mas simplesmente antecipa que aquele mesmo Espírito, num contexto de oração, vai esclarecendo sua vocação. A esse propósito, as fontes são explícitas.

> A primeira obra em que São Francisco pousou sua mão, assim que se viu livre do jugo do pai carnal, foi a reconstrução de um templo ao Senhor. Repara uma igreja velha e em ruínas. Volta ao lugar em que estava construída a igreja de São Damião, e com a graça do Altíssimo em pouco tempo a restaura completamente (Celano, *Vida* I, 18).

Com ardor, convidava todos à reparação daquela igreja e profetizava claramente, falando em francês diante de todos, que este seria um mosteiro de santas virgens de Cristo. De fato, todas as vezes que se encontrava em pleno ardor do Espírito Santo, exclamava em francês palavras ardentes (Celano, *Vida* II, 13).

Estando Francisco com outros trabalhadores na obra da igreja, gritava com voz forte e alegria no espírito, em francês, às pessoas que passavam por perto: "Venham e ajudem-me na obra da igreja de São Damião, que no futuro será um mosteiro de mulheres, de cuja vida e fama toda a Igreja Universal se alegrará no nosso Pai Celestial" (*Legenda dos três companheiros*, VII).

Não se pode crer que, do lenho da cruz, Cristo haveria de falar com São Francisco apenas para exortá-lo a reconstruir um edifício consumido e já em ruínas... Então, como havia predito o Espírito Santo, devia ser fundada uma Ordem de santas virgens que, como reserva de pedras vivas, se difundiria para restaurar a Igreja do Senhor (Celano, *Vida* II, 204).

A única finalidade de Francisco e Clara é restaurar a Igreja.

E único era o carisma. De Francisco, afirma-se:

Dizia a seus frades que um único e mesmo Espírito havia chamado os frades e as mulheres pobres a viverem fora do mundo secular (ibid., 204).

A Segunda Ordem franciscana nasce, assim, por obra do Espírito do Senhor, nos mesmos meses nos quais Francisco, movido pelo Espírito, decide abandonar o mundo e entregar-se totalmente a Deus. A partir desse momento, Clara já existe no coração e na mente de Francisco, como a "mulher pobre" – a "cristã", como ele costumava chamá-la, segundo afirma o Frade Estevão de Narni – que o Espírito do Senhor coloca a seu lado para viver o mesmo chamado, a mesma experiência de fé e de vida evangélica, numa dimensão não paralela, como erroneamente por vezes se afirma, mas complementar àquilo que o próprio Francisco vive.

Nessa perspectiva de complementaridade, não surpreende que pela mão de Francisco – que até a morte terá como único convento o mundo aberto e fará desaparecer na Regra aprovada até a mais tênue alusão à Primeira Regra dos "eremitérios e outros lugares" nos quais os frades podem agora encontrar-se –, não admira que sob suas mãos vá crescendo uma "morada" de pedras estáveis para um mosteiro de "Mulheres Pobres".

Uma é a vocação franciscana: viver em Cristo. Mas existe uma única maneira de viver em Cristo na terra: é estar junto e totalmente com o Pai e com os homens; é serem, juntos, Francisco e Clara.

A única inspiração franciscana se compõe de duas dimensões: a contemplativa, de abertura à Palavra, e a ativa, como testemunho da Palavra.

São duas dimensões do amor, que é sempre contemplativo e ativo, quando é verdadeiro amor. Porque é sempre obra, sonho de repouso com o Amado, e no repouso com ele sonha em realizar grandes empreendimentos para testemunhar o amor.

Francisco irá pelo mundo, livre para viver a pobreza e a obediência do Filho de Deus na "vastidão de sua clausura aberta", testemunha do Evangelho com a palavra e a obra. Em 1216, Jacques de Vitry-sur-Seine escreve:

> Durante o dia, eles (os Frades Menores) entram nas cidades e povoados, empenhando-se ativamente em ganhar outros para o Senhor; à noite, regressam aos eremitérios ou a qualquer lugar solitário, para entregar-se à contemplação [como o Senhor Jesus].

Enquanto isso, Clara permanecerá em São Damião, mulher de fé e pobreza, enclausurada num silêncio sem fim – como Maria, a Mãe do Senhor –, terreno virgem, aberto continuamente ao Espírito do Senhor para que Francisco e os seus possam reparar completamente a Igreja, com sua existência pobre e humilde de servos do Altíssimo. O testemunho de "mulher do Evangelho" não será menos eficaz do que o de Francisco.

O "segredo do Rei", que enamorou Francisco na solidão de São Damião, será para sempre o segredo de Clara, mais além dos umbrais do mistério de Deus, sozinha no monte, como Cristo (Mt 14,23; Lc 6,12; 9,18; 9,28; Mc 6,31-32; Jo 6,15). Uma pobreza que se estende humilde e contemplativamente ao infinito, recebendo o Espírito para a Ordem e para a Igreja inteira. Esta é a intuição de Francisco, enquanto reconstrói São Damião.

Por isso ele não terá dúvida em nomear as Damas Pobres no início de sua experiência, na Regra Primitiva, de "esposas do Espírito Santo". Exatamente como a Virgem Maria, na antífona do seu *Ofício da Paixão do Senhor*.

Em Clara, em seu coração imensamente aberto ao mistério de Cristo, "que pobre foi colocado no presépio, pobre viveu no mundo e nu permaneceu no patíbulo da cruz" (*Testamento de Santa Clara*, 45). Francisco encontrará a si mesmo em cada momento de sua existência, também nos momentos de obscuridade e de dúvida. Quando, no início de sua vida religiosa, o Santo não sabe o que o Senhor quer dele, se a pregação pelos caminhos do mundo ou a contemplação solitária de eremita, será Clara, após ter orado, juntamente com Frei Silvestre, que irá manifestar-lhe a vontade do Senhor. Para Francisco, Clara é a "ajuda" que Deus põe ao seu lado em função complementar: "uma ajuda semelhante a ele" (Gn 2,20). Em Clara, toda a Ordem, em qualquer situação, continuará ininterruptamente seu imenso diálogo, feito não de palavras, mas de experiência de amor e de pobreza humana, com o "Altíssimo, onipotente e bom Senhor".

Assim, uma só inspiração crescerá no ânimo de Francisco: crescer de uma única árvore em duas direções diferentes, mas complementares. E ainda: crescer sem confusão alguma, de maneira transparente diante do Senhor Deus, exatamente porque as duas dimensões não são paralelas, mas complementares, e as funções são diferentes num único corpo.

Nessa "transparência de estilo" Francisco quer, sobretudo, servir de exemplo a todos os frades. Não visitava com frequência as Mulheres Pobres de São Damião, a ponto de ser repreendido pelos companheiros, devendo justificar-se perante eles:

> Não pensem que eu não as ame plenamente. Se de fato fosse uma culpa atendê-las em Cristo, não seria uma culpa mais grave havê-las desposado com Cristo?... Mas eu lhes dou o exemplo para que vocês façam como eu tenho feito. Não quero que ninguém se ofereça espontaneamente para visitá-las, mas que sejam encarregados do serviço aqueles que o fazem contra a sua vontade e somente pessoas de espírito, provadas por uma longa e digna vida religiosa (Celano, *Vida* II, 205).

Mas é escrupulosamente fiel à sua promessa de assistência espiritual, "com cuidado atento e solicitude especial" (1Regra, VI), garantindo às Irmãs Pobres um capelão da Ordem dos Frades Menores, com um companheiro sacerdote e dois Irmãos leigos, "em ajuda a sua pobreza" (ibid., XII). Ademais, as relações entre os dois santos foram sempre ativas, como o demonstram alguns relatos das companheiras de Clara: a cura de Frei Estêvão, por exemplo.

É Irmã Benvinda de Perúgia quem nos conta: um dos frades de Francisco dá sinais de desequilíbrio mental. Francisco o envia a São Damião, para que Clara trace sobre ele o sinal da cruz. Clara obedece. O frei permanece ainda um pouco no mosteiro, dorme. Quando desperta, parte completamente curado.

Em certas ocasiões, Francisco enviava a Clara, para discernimento, mulheres que desejavam abraçar a vida de pobreza e oração. Mas não deixa de impor a Clara a sua vontade, sobretudo para mitigar, como vimos anteriormente, os jejuns e penitências, ou para fazê-la aceitar o encargo de abadessa.

É numa "mísera cabana", perto de São Damião, que Francisco, após uma noite de tormentos, compõe os *Louvores ao Senhor*, conhecidos com o nome de *Cântico das Criaturas*. Pouco depois, dita também "algumas santas palavras com melodia e para conforto das Irmãs Pobres de São Damião, que se viam tristes por causa da doença dele. E porque, por causa da enfermidade, não podia consolar pessoalmente, quer que seus companheiros levem e façam as reclusas escutar aquele canto" (*Legenda perugina*, 45).

> Escutem, pobrezinhas, pelo Senhor chamadas,
> que de diversas partes e províncias fostes congregadas:
> na verdade sempre vivida,
> para que na obediência possais morrer,
> não contempleis a vida pelo exterior,
> porque a do espírito é melhor.
> Rogo-vos com grande amor
> que useis com discrição
> as esmolas que vos dá o Senhor.
> As que com o peso da enfermidade estão sobrecarregadas
> e as outras que por elas estão fatigadas,
> umas e outras suportai-as em paz,
> que muito cara vendereis vossa fadiga,
> porque cada uma será rainha
> no céu, coroada com a Virgem Maria.

Poucos dias antes de sua morte, escreverá para elas sua *Última vontade*, que Clara se preocupou em transcrever literalmente no capítulo VI de sua Regra:

Eu, irmão Francisco, pequenino, quero seguir a vida de Cristo e de sua santíssima Mãe, e perseverar nela até o fim. Eu vos rogo, minhas senhoras, e vos aconselho que vivam sempre esta santíssima vida de pobreza. E vos guardeis bem de jamais vos afastardes de modo algum por nenhum ensinamento ou conselho.

Por sua vez, Clara tem consciência da profunda unidade de graça que liga Francisco ao seu mosteiro. Não se sente fundadora de uma Nova Ordem. Para ela há um só fundador, Francisco.

"O Senhor" – escreve em seu testamento – "nos deu o nosso santo pai Francisco como fundador, cultivador e sustento nosso no serviço de Cristo." As Irmãs Pobres não são outra coisa senão "um pequeno rebanho que o Altíssimo Pai gerou na sua Igreja por meio da palavra e do exemplo do nosso santo pai Francisco, para imitar a pobreza e a humildade do Filho de Deus e sua gloriosa Virgem Mãe...". E como a segunda Ordem franciscana nasceu e cresceu graças a Francisco na terra de Deus, assim reconhece sempre nele a "coluna, sustento e único consolo depois de Deus" (*Testamento de Santa Clara* 38, 46-48).

Ao lado de Francisco, Clara se sente como uma "plantinha", uma semente que Francisco plantou, sustentou e fez crescer. Confirma-o com a força da humildade no início da Regra: "Clara, indigna serva de Cristo e plantinha do santíssimo pai Francisco..." (c. I). E "primeira plantinha de Francisco" também para os companheiros do Santo, para aqueles primeiros "cavaleiros da távola redonda" que esperavam aquela noite com tochas acesas, no bosque da Porciúncula, para que fosse consagrada nessa mesma capela, diante do mesmo altar da Virgem Maria, que era o centro e o pilar da Ordem dos Frades Menores. A escolha do lugar – a Porciúncula – não era certamente casual, mas correspondia à intenção de destacar o fundamento comum e a unidade de inspiração e forma de vida das Ordens nascidas de Francisco, que consiste em "observar o Santo Evangelho de nosso Senhor Jesus Cristo".

Nessa luz, na luz de uma "plantinha" que deve toda a sua vida a quem a plantou e sustentou na terra de Deus, a obediência prometida por Clara a Francisco em seu nome e no de suas irmãs – defendida e confirmada numerosas vezes por Clara na Regra e no Testamento – vai mais além do limite jurídico do reconhecimento do superior da Ordem, e se volta com uma profunda relação de dependência no Espírito. Um fazer completamente seu, no Espírito do Senhor, a graça de Francisco, participando pela via da obediência; um reviver guiado por ele, a mesma experiência de amor e de fé, a mesma experiência de Deus, mediante a pobreza-humildade de Cristo Jesus até a beatitude do Reino dos céus, que já é um dom para os pobres neste mundo.

Essa relação entre Francisco e Clara não necessita de tantos encontros, mas se fundamenta numa dimensão profunda de fé e sintonia de ideal, que se revestiu de uma fascinante e espontânea simplicidade e livre confiança. É prova disso o *Espelho de perfeição*, na narrativa dos últimos dias de Francisco, quando "a irmã morte", que está para chegar, dá a verdadeira cor às coisas:

> Na semana em que Francisco morreu, Clara, a primeira plantinha das Irmãs Pobres de São Damião em Assis,

discípula maravilhosa de Francisco na observação da perfeição evangélica, temia morrer antes dele, porque estavam os dois enfermos em estado grave. Chorava amargamente e não conseguia consolar-se, pensando que não conseguiria, antes de sua morte, ver Francisco, único pai depois de Deus, seu consolo e mestre, aquele que primeiro a havia estabelecido na graça de Deus.

Por meio de um frade, Clara expressou seu desejo a Francisco; e o Santo, ao ouvir isso, e porque a amava com particular afeto paterno, sentiu compaixão por ela. Considerando, porém, que não podia satisfazer o desejo que ela tinha de vê-lo, para consolá-la, juntamente com todas as suas irmãs, Francisco enviou por escrito a Clara sua bênção, absolvendo-a de qualquer falta, se a tivesse cometido, contra suas admoestações ou contra os mandamentos e conselhos do Filho de Deus. E para que ela deixasse toda dor e aflição, disse ao frade enviado a ela: "Vai e dize à Irmã Clara que deixe toda dor e tristeza por não poder ver-me agora; mas saiba que de verdade, antes da sua morte, tanto ela como suas irmãs voltarão a ver-me e terão grande consolo".

Não muito tempo depois, na manhã seguinte à morte de Francisco, todo o clero e o povo da cidade de Assis veio trazendo consigo o corpo do Santo do lugar onde ele havia morrido durante a noite. Cantavam hinos de louvor e agitavam ramos de árvores. Por vontade do Senhor, o corpo permaneceu um tempo em São Damião, de modo que se cumpriu a palavra profetizada pela boca de Francisco, para consolo de suas filhas e servas.

Removida a grade de ferro através da qual as Irmãs costumavam comungar e escutar a Palavra de Deus, os frades levantaram da maca fúnebre o corpo do Santo e sustentaram-no nos braços longamente diante daquela janela, até que Clara e suas irmãs se sentiram consoladas, embora estivessem "machucadas pela dor e pelas lágrimas, vendo-se privadas do conforto e das exortações de tal pai" (*Espelho de perfeição*, 108).

Era o dia 4 de outubro de 1226. Clara, havia dois anos, padecia de uma doença que a acompanharia durante vinte e nove anos, e que durou até a morte. Vinte e nove anos de amor no sofrimento. Mas qual o segredo de uma vida límpida tanto na fé como na coerência? Alegre, mesmo quando toda alegria humana havia desaparecido?

CAPÍTULO IV

A ORAÇÃO DE CLARA

O segredo de Clara é a sua oração, o "estar" continuamente com o Senhor.

Na noite da fuga para a Porciúncula, aos dezoito anos, fecha a porta ao mundo para somente abri-la ao mistério de Deus. Nesse mistério Clara "se encerra", desse mistério a clausura material é apenas um sinal, como algo que os sentidos percebem. Mas Clara se encerra em São Damião como numa longa noite de oração e contemplação, uma "noite de Francisco com Deus" que durou a vida inteira.

Entre os quatro muros de São Damião Clara encontrará, perdida em Deus, a agitação dos bosques tremulados "pelo irmão vento", a solidão das grutas, a calma e a tranquilidade do lago Trasimeno, impregnados dos diálogos de Francisco, "verme vil", com o seu "dulcíssimo Deus". A clausura de Clara é a liberdade da qual desfruta Francisco, sozinho ante o seu Senhor, como sua pobreza é o "vazio" que a Palavra de Deus escava no seu coração, para acolher a plenitude do Bem.

"Torna-te capacidade, e eu te farei correnteza", diz o Senhor a Santa Ângela de Foligno. Faze-te pobre e o "reino" será teu, plenitude de amor, comunhão com o Pai e com o

Filho no Espírito Santo. Faze espaço dilatado para o Espírito do Senhor e o Senhor habitará em ti.

Tornar-se "pobre", em sentido pleno, é voltar a ser contemplativo: abrir-se ao Espírito do Senhor, que é Pai dos pobres e encarnou a Palavra em Maria.

A vida de Clara é toda oração. Entrando no mosteiro aos dezoito anos, submetendo sua vontade a Francisco e despojando-se de todas as coisas, também ao direito de ter o mínimo necessário para sustentar sua natureza humana, ela reduz-se à nudez espiritual, que tem como único apoio a fé e como única riqueza, a glória de Deus.

Buscando em toda ação, na oração como no trabalho, somente a glória de Deus, em adesão à sua vontade, que é salvação, Clara torna-se "orante": uma criatura aberta na simplicidade a uma união com o Senhor, ao germinar de sua Palavra guardada no seu coração; uma silenciosa presença na fonte do mistério de Deus; uma mulher límpida e forte, que tem as mãos e o coração abertos como uma concha livre e vazia à correnteza da graça e da salvação que, no Espírito, flui do Pai, pelo Filho, à humanidade inteira.

Clara permanece pobre e silenciosa, com Cristo, durante a noite no monte (Lc 6,12), na presença do Pai, "pela vida do mundo" (Jo 6,52).

A pobreza é para ela condição indispensável para ser livre de toda união que a distraia do louvor a Deus, porque "onde está o teu tesouro, aí está o teu coração" (Mt 6,21), e "tesouro" é tudo aquilo que sentimos como nosso, sendo tudo de Deus.

A obediência serve-lhe para despojar-se de si mesma, para ter constantemente a vontade desvinculada de tudo que lhe impeça uma plena disponibilidade a Deus, momento por momento. A verdadeira obediência, como indica São Francisco, está bem representada em Clara, que é o único ser verdadeiramente livre sobre a terra, porque é a única que nada espera do momento que virá, que repousa na paz do momento presente e o vive apenas para honrar o Senhor.

A clausura nasce como um vértice de pobreza e obediência: um aprofundamento do despojar-se de Cristo, um "esvaziar-se somente por Deus" (*Perfectae Caritatis*, 7). Para Clara, a clausura é fazer a experiência do mistério de Cristo que, sozinho no monte, se abre ao Pai para toda a humanidade; é também fazer a experiência da solidão da cruz, uma solidão que a coloca, como Cristo, entre o mundo e o Pai – como mediação pela humanidade –, levando em si o drama humano como coisa sofrida e oferecida.

Por outro lado, quem se despoja de todas as coisas e de si mesmo para viver unicamente para Deus e com Deus não sente gosto algum pelas coisas humanas e se enfada de uma vida que procura tantos interesses e se ocupa de tantas coisas, menos de amar a Deus e de adorá-lo. Nada deve perturbar o diálogo entre a criatura e o Criador, como quando ele se compraz em vir a ela, como quando vinha falar com Adão, à tarde.

VIDA DE UNIÃO COM DEUS

A partir do momento em que Clara se consagra toda a Deus, não tem mais senão Deus para viver. Seu viver, seu respirar não é outra coisa senão um contato constante com o objeto do seu amor, um silencioso e contínuo colóquio com o Altíssimo. Nota-se em seu rosto a alegria de viver intimamente com Deus: ela nunca dá sinal de perturbação. Sua serenidade e alegria são tais que, só em vê-la, suas filhas também as sentem.

Reza muito. Rezar significa, para Clara, amar e adorar a Deus com toda a sua pessoa, com todas as forças que Deus lhe concede; orar é para ela doar-se totalmente a Deus, até as últimas fibras, purificada na contínua mortificação, despojada na mais absoluta pobreza e na mais perfeita obediência.

É incansável na oração. Prostrada por terra, de dia e de noite, não se cansa nunca de contemplar e adorar a Deus. E dessas longas pausas com ele tira novas forças para amá--lo e para doar-se.

Da oração ela sai transformada: as Irmãs notam que seu rosto parece mais luminoso e belo, que sua boca não fala senão de Deus. Todo o processo de canonização é unânime a esse respeito.

Quando voltava da oração, admoestava as Irmãs, falando sempre palavras de Deus, as quais estavam sempre em sua boca, tanto que sobre vaidade ela não queria falar nem ouvir. Quando retornava da oração, as Irmãs se alegravam como se ela estivesse voltando do céu (Pacífica de Guelfúcio, *Proc.* I, 9).

Na oração e na contemplação ela era assídua, e quando voltava da oração, seu rosto parecia mais luminoso e mais belo do que o sol. De suas palavras fluía uma doçura indescritível, tanto que sua vida parecia toda celestial (Amata de Messer Martinho, *Proc.* IV, 4).

Era vigilante na oração e contemplação sublime, tanto assim que, uma vez, voltando da oração, seu rosto parecia mais claro do que o habitual e da boca saía certa doçura (Cecília de Messer Gualtieri, *Proc.* VI, 3).

Depois da oração da noite, enquanto suas Irmãs dormem sobre duros enxergões, ela permanece sozinha, em oração, muitas vezes prostrada por terra, o rosto banhado de lágrimas, pois a abundância de graças as faz brotar copiosas.

Constantemente se percebe tentada durante a oração. Uma noite, enquanto ora assim, com abundância de lágrimas, ela nota uma presença que se aproxima e lhe diz: "Não chores tanto, pois ficarás cega". Clara responde imediatamente: "Não ficará cego quem vir o Senhor".

Na mesma noite, após as Matinas, o tentador aproxima-se dela: "Não chores tanto" – repete –, "se não quiseres que no fim o cérebro te saia pelo nariz, porque depois ficarás com o nariz torto". Clara responde: "Nenhuma deformação sofre quem serve ao Senhor". A presença se vai.

CRISTOCENTRISMO CLARIANO

São Francisco costumava dizer que "somos esposos, irmãos e mães do nosso Senhor Jesus Cristo... Somos seus irmãos quando cumprimos a vontade de seu Pai que está no céu. Somos mães quando, com amor e consciência sincera, o levamos no coração e em nosso corpo o geramos através das obras santas que devem resplandecer diante de todos como exemplo" (S. Francisco, *Carta a todos os fiéis*).

Clara é filha, irmã e mãe de Cristo: permanece totalmente no amor que a devora por Cristo. Contempla-o enquanto sua Mãe o reclina em pobres paninhos no presépio, se afunda no mistério da Encarnação; sofre com ele quando agoniza no horto das Oliveiras; tem sede com ele na cruz. Clara vive somente com ele e para ele: Cristo é o centro de sua vida e Clara é o sarmento que absorve a cada momento a linfa nova da vida.

O MENINO DE BELÉM

A Natividade enche-a cada vez mais de novo assombro e a inunda de ternura.

"Olha, repito, diante deste espelho (que é Cristo) a pobreza daquele que foi colocado numa manjedoura e envolvido em pobres panos. Oh! Admirável humildade e pobreza que surpreendem! O rei dos anjos, o Senhor do céu e da terra deitado numa manjedoura", escreve na quarta carta a Santa Inês de Praga. Na Regra que deixou a suas Irmãs: "Por amor do santíssimo e diletíssimo Menino envolvido em pobres panos e deitado numa manjedoura, e de sua santíssima Mãe, admoesto, rogo e exorto minhas Irmãs a que se vistam sempre pobremente".

Irmã Inês de Opórtulo, no processo de canonização de Santa Clara, testemunha que, durante a pregação de Frei

Filipe de Atri, viu perto da Santa um menino belíssimo, de aproximadamente três anos, que durante todo o tempo da pregação se divertiu com a santa virgem: essa visão comunicava uma ternura muito particular. Irmã Francisca de Messer Capitaneo viu, certa vez, um menino de beleza maravilhosa no colo da santa, que o abraçava, enquanto duas asas de fogo se abriam e fechavam sobre sua cabeça, encobrindo-lhe o rosto.

Outro episódio merece menção.

É noite de Natal de 1252, último Natal que a Santa passou sobre a terra. Ela se encontra prostrada, doente, no dormitório; as filhas haviam ido para a igreja rezar as Matinas antes da missa da meia-noite. Ela está sozinha. O eco dos passos se apaga. Adiante as monjas celebram na alegria da liturgia que anuncia o nascimento esperado. No dormitório, Clara levanta-se, completamente sozinha, desejando estar com suas Irmãs para celebrar o Menino envolto em pobres panos que, por amor ao Pai, se fez carne no ventre da Virgem. O silêncio da noite não leva eco algum até o dormitório vazio e frio. "Ó Senhor, tu nasceste, e me deixaste aqui sozinha", suspira Clara. A noite está cheia de paz. Dentro de pouco tempo, em Belém, um menino gemerá numa manjedoura. Clara pensa no menino, o Amor que nasce. Sente que ele está para chegar. O ar parece mais puro. Não se ouve ruído algum. Que paz! Dentro de pouco tempo se escutará um gemido vindo do berço. "Senhor, estou aqui sozinha" – pensa Clara. – "Oh, tu que estás para chegar. Amor inflamado, luz solar..." O pensamento da Santa cede um pouco ao amor.

Assim, da distante Igreja de São Francisco chega um canto: são os frades que salmodiam, acompanhados pelo órgão. O ar se enche de cores e luz. Ele nasceu! Na manjedoura há um menino envolto em luz; a Virgem envolta no manto, mais pura do que nunca. Ele nasceu! Ó Menino, amor resplandecente, amor, amor!... Que coros, Senhor, que luzes nesta noite! Ele nasceu!

Após a missa, as monjas vão ao encontro da Madre, no dormitório, e encontram-na com os olhos cheios de alegria da noite santa. Clara recebe-as dizendo: "Bendito seja o Senhor Jesus Cristo que não me abandonou, mesmo que vocês tenham me abandonado! Eu ouvi e segui, pela graça de Cristo, todas as celebrações da Igreja de São Francisco nesta noite, eu vi a manjedoura do Senhor".

O AMOR CRUCIFICADO

Mas se o seu amor pelo Menino a torna digna de assistir ao seu nascimento num êxtase glorioso, o amor pelo Crucificado a torna digna de participar dos sofrimentos de Cristo. Sua mente encontra-se enraizada em Jesus crucificado, e a recordação da Paixão do Senhor lhe arranca cada vez mais lágrimas.

Recita com frequência o Ofício da Paixão composto por São Francisco e por ele ensinado. Para recordação constante dos sofrimentos de Cristo, ela traz sob as vestes uma corda grosseira além do cilício habitual.

Ela ensina às noviças que, como princípio, coloquem sempre o coração na lembrança do Crucificado. Suas mais vibrantes palavras serão sempre aquelas com as quais medita os sofrimentos do Senhor.

Continuando a passagem já citada da quarta carta a Santa Inês de Praga, Clara diz:

> No fundo do mesmo espelho contempla a inefável caridade pela qual ele quis padecer no lenho da cruz e morrer de morte infame. É esse o espelho, cravado no lenho da cruz, que dirige sua voz aos passantes para que meditem: "O vós todos que passais pelo caminho, olhai e vede se há dor maior do que a minha". Clamemos a uma só voz e com um só coração, enquanto ele grita e geme desse modo: *Jamais me abandonará essa tua lembrança, que se consumirá em minha alma.* Deixa-te abrasar pelo ardor dessa caridade, ó Inês, rainha do Rei do universo!

A alma de Clara se consome realmente ao meditar a Paixão de Cristo. A aproximação da sua Paixão significa aproximar-se do sofrimento de Clara.

É Quinta-feira Santa. Com o passar das horas, chega a noite. Clara sente aumentar a tristeza em sua alma, pela qual Cristo, no Getsêmani, se sentia "triste até a morte". Ela se encerra em sua cela para acompanhá-lo com sua oração, a oração do Senhor no horto, e, absorvida pela tristeza dele, sua alma percorre passo a passo o caminho do seu Salvador, desde o suor de sangue para além do vale de Cedron até as gargalhadas no pátio do pretório. A angústia que a assalta é tanta que ela perde as forças e deixa-se cair sobre a cama, exaurida pelo sofrimento em todo o seu ser identificado com Cristo.

Assim o afirma Irmã Filipa, que mais de uma vez vai à cela da Madre, preocupada com seu longo silêncio.

Clara passa toda a sexta-feira fora de si, unida ao seu Senhor sofredor.

Chega a noite de sábado. Filipa vem com uma vela e lembra à Madre a obediência devida a Francisco de não passar nenhum dia sem ingerir alimento. Ao chamado da obediência, a Santa volta a si: "Qual a necessidade da vela, se ainda é dia?", pergunta. "Madre, a noite já passou e o dia também, já é novamente noite", Filipa responde.

Clara responde: "Bendito este sonho, caríssima filha, já que, profundamente desejado, me foi concedido. Mas guarda-te de referir esse sonho a quem quer que seja enquanto eu estiver viva". "Bem-aventurado o servo que conserva os segredos do Senhor no seu coração", ensinava São Francisco, e ainda: "Ai dos religiosos que não guardam no coração os bens que o Senhor lhes mostra, e os manifestam aos demais homens, mediante palavras, na esperança de uma recompensa. Fazendo assim, já receberam sua recompensa. E aqueles que os escutam colhem pouco fruto" (*Admoestações* XXVIII e XXII).

CLARA E A EUCARISTIA

Assim são os frutos que se produzem em Clara, por meditar o nascimento e a Paixão de Cristo. Reviver a vida do Senhor, a união com ele, significa para a Santa deixar-se substituir completamente por Cristo – "Já não sou eu que vivo, é Cristo que vive em mim" (Gl 2,20). A união com Jesus sacramentado a enchia sempre de profunda reverência e temor. No processo de canonização, Irmã Benvinda testemunhou: "Com grande devoção e temor recebia o Santo Sacramento do Corpo do Senhor Jesus Cristo, tanto assim que, quando ela comungava, ficava toda trêmula" (*Proc.* II, 11).

OS "SARRACENOS" EM SÃO DAMIÃO

Há um episódio que dá provas da fé e da confiança da virgem de Assis na Santíssima Eucaristia.

É uma sexta-feira de setembro de 1240. O exército dos sarracenos prepara suas tropas para atacar o exército de Frederico II. A Santa se encontra no dormitório, deitada em sua cama, gravemente doente. As filhas, aterrorizadas com o movimento dos soldados – mais que soldados, bandidos –, já às portas do mosteiro, recorrem à Madre em busca de proteção e ajuda. A Santa as conforta, dizendo: "Irmãs e filhas minhas, não tenham medo, porque se Deus está conosco os inimigos não poderão fazer-nos mal. Confiem em nosso Senhor Jesus Cristo, porque ele nos libertará. E eu quero ser a garantia de que eles não nos farão mal algum. Se eles se aproximarem, coloquem-me na frente deles" (*Proc.* III, 18).

Pouco tempo depois, por volta das três da tarde, fechadas em São Damião, as monjas escutam com temor o alvoroço e os gritos junto dos muros do claustro: um pelotão de soldados estava entrando no mosteiro, saltando os muros e batendo raivosamente nas portas do refeitório.

As filhas recorrem à Madre, e ela, sustentada por duas delas, Irmã Francisca de Messer Capitaneo e Irmã

Iluminada de Pisa, se faz acompanhar até a porta do refeitório. Ali manda colocar, entre ela e a porta, a caixinha de prata e marfim que continha o Santíssimo Sacramento e, prostrada por terra, reza, chorando.

As duas que lhe estavam mais próximas, aquelas que a sustentam, por estar exausta devido ao sofrimento de tantos anos, ouvem-na dizer: "Senhor, protege estas tuas filhas, porque eu não posso defendê-las". Depois elas ouvem, vindo da caixinha com as Sagradas Espécies, uma voz de menino de timbre suavíssimo: "Eu as defenderei sempre". Clara não se esquece da cidade de Assis: "Senhor, defende também esta cidade". E a mesma voz de menino responde: "A cidade passará por muitos perigos, mas será defendida" (*Proc.* IX, 2).

É um diálogo feito de poucas palavras, mas, quando termina, do outro lado da porta se faz um grande silêncio: os sarracenos se haviam retirado sem causar dano algum.

A CONTEMPLAÇÃO DE CLARA

Maria de Betânia, que sentada aos pés do Senhor escuta a sua palavra, tem sido, desde a Antiguidade, apontada como símbolo de contemplação, em oposição a Marta, que se preocupa em demasia com as coisas destinadas a desaparecer. A Marta, inquieta porque sua irmã não a ajuda no serviço, Cristo responde: "Uma só coisa é necessária. Maria escolheu a melhor parte, que não lhe será tirada" (Lc 10,42).

Somente a "parte melhor", o amor que não se cansa de contemplar, é que está destinada a permanecer para sempre.

A essa parte melhor – a experiência contemplativa –, é chamada Santa Clara, que faz de sua vida, tanto das horas de oração como das de trabalho, das horas de alegria e das de sofrimento, uma busca contínua e contemplativa de Deus, uma experiência humilde e assídua de amor. A contemplação a faz penetrar aos poucos na profundidade do mistério de Deus, no qual se conjugam o silêncio e a palavra, a solidão e a comunhão, a separação e a presença.

É uma experiência do amor que circula na Trindade, nas pegadas de São Francisco, do Amor encarnado, do Verbo que, tendo-se feito carne, foi colocado numa manjedoura, que, desnudo, morreu por nós na cruz.

E no vazio e na pobreza do transcorrer de dias sempre iguais, construídos sobre o Evangelho, a vida de Clara se volta como

> [...] uma atenção para o Senhor, uma adesão, uma intimidade, um amor, um consenso, uma presença recíproca, um estupor e uma admiração perante a obra de Deus, uma assimilação de sua Palavra, uma solidão com ele, um silêncio, uma comunhão, uma participação: atuação do desígnio de Deus, ato de salvação em que o desígnio se realiza no cristianismo e, por meio dele, na Igreja (J. Leclercq, *Vida religiosa e vida contemplativa*, Assis, 1972, 86).

A contemplação é uma abertura sem limites ao Espírito do Senhor, para a Igreja e para o mundo, um oferecer a

Deus campo livre, na liberdade de cada coisa humana, na pobreza do ser, das coisas, do "eu", para aderir completamente a ele, em "espírito e coração", para realizar a "Páscoa" nele, com ele, no Pai.

São Francisco ensinou Santa Clara a "consertar" o homem, "a casa de Deus que está em ruínas": não no fazer, mas no ser; a dar lugar a Deus e a seu plano de salvação para a humanidade inteira; a voltar à pobreza que se estende humilde e contemplativamente ao Infinito. Como Francisco, "Quem és tu, dulcíssimo Deus meu, e quem sou eu, verme vil, inútil servo teu?".

Um raio rompe a noite da fé e uma luz se acende e brilha, quieta e viva, na alma pobre e pacífica. O Filho de Deus visita e faz sua morada na alma fiel, como no ventre de Maria. Escreve Clara: "É a própria Verdade quem o afirma: aquele que me ama será amado pelo meu Pai, e eu também o amarei e nós viremos a ele e nele faremos nossa morada" (*Carta* III, 21.26).

Toda fala da Santa recai sempre na contemplação. Basta examinar seus escritos – as quatro *cartas a Santa Inês de Praga*, a *Regra* para as Irmãs Pobres, o *Testamento* – para dar-se conta de como seu coração e seus pensamentos estão sempre conduzidos a um olhar de amor a Cristo.

Escreve na segunda carta:

> Contempla o teu Esposo – o mais belo entre os filhos dos homens – desfigurado, golpeado e em todo o seu corpo repetidamente flagelado, morrer entre as dores mais dilacerantes sobre a cruz: *olha-o, medita e contempla-o*, desejando imitá-lo. Se com ele sofreres, com ele

reinarás; se com ele chorares, com ele se alegrarás; se com ele morreres na cruz da tribulação, com ele viverás na celestial morada, no esplendor dos Santos...

Clara não escreveu muito, mas, assim como Francisco, tudo aquilo que ela escreveu é fruto da sua experiência, de seu "estar" com Deus, de seu ser esposa do Espírito Santo, cingida, como Maria, por um véu de silêncio.

Somente a irmã morte, ao se aproximar dela, removerá um pouco esse véu: aparecerá uma Clara "filha e serva do Altíssimo Pai", como o quis Francisco, numa maravilhosa "infância espiritual":

> Parte segura e em paz, porque terás uma boa escolta; porque aquele que te criou, antes te santificou e depois pôs em ti o Espírito Santo e sempre te admirou como a mãe ao filho que ela ama... Bendito sejas tu, Senhor, porque me criaste! E muitas coisas ela disse falando da Trindade, de forma tão sutil, que as Irmãs não conseguiam entender bem (*Proc.* III, 20).

> Esta é Clara: um arco-íris de oração, uma palavra de amor sempre viva perante o Altíssimo, um *obrigado* alegre e infantil, que brota das mais pequenas e essenciais coisas da vida, que ressoa no céu do Pai, e tem um nome: contemplação (Giulio Mancini, ofm, *Contemporaneidad de Santa Clara*, Assis, 1954, 40).

Tudo oferece a Clara ocasião para meditar o amor de Deus, que o impeliu a fazer-se homem. Assim – nos passos de Francisco –, para ela tudo o que foi criado só tem voz para louvar ao Senhor.

Irmã Angelúcia recorda que, quando a Santa enviava as Irmãs externas para fora do mosteiro, "admoestava-as que, ao ver árvores lindas, frondosas e floridas, louvassem o Senhor Deus; assim também, quando vissem os homens e as outras criaturas, sempre por todas e em todas as coisas, louvassem a Deus" (*Proc.* XIV, 9).

A clausura está longe de ser para Clara um meio de fugir às criaturas. É apenas o meio indispensável para que o silêncio da palavra, que se eleva a partir do claustro, chegue a Deus sem passar por outra mediação que não seja o próprio Deus e chegue a ele pura, não contaminada por interesses humanos, a fim de louvá-lo e falar-lhe dos seres humanos. Na clausura, Santa Clara recupera em Deus todas as criaturas que estão fora dos muros de São Damião e, mais ainda, recupera em Deus todo o universo: separada das coisas, pode doar novamente as coisas, vendo-as através daquele espelho puríssimo que é Deus, descobrindo o seu verdadeiro sentido, que é o de serem todas elas criaturas, tanto as árvores que balançam suas ramagens frondosas movidas pelo vento como os seres humanos que povoam a terra, para a glória de Deus.

"Em lugar algum existe tanta observância do silêncio", escreve a propósito de São Damião o biógrafo da Santa (*Legenda de Santa Clara*, 36). Oração que se eleva no silêncio dos quatro muros do claustro: longe de sentir-se prisioneira entre os muros da clausura, a Santa encontra ocasião para louvar a Deus em todas as árvores "floridas e frondosas", em todos os seres humanos e em todas as criaturas que as Irmãs externas encontram pelos caminhos do mundo.

Exatamente porque enclausurada, porque mulher separada do mundo, no mistério de Deus, não para si mesma, mas para a salvação do mundo, Clara está mais do que perto dos seres humanos; talvez ninguém esteja tão perto deles do que aquele que, como Clara, vive de oração no claustro, onde o sofrer da humanidade, a pena dos atribulados e a dor dos que sofrem estão sempre presentes nos sofrimentos de Cristo e deles participam.

"Vocês são colaboradoras de Deus e sustentam os membros fracos e vacilantes de seu Corpo inefável", diz Clara a suas filhas (*Carta III*, 8). Uma contemplativa de claustro sabe o que significa levar consigo o mundo ao coração de Cristo, como uma mãe que leva consigo o próprio filho, pelo qual dá a vida.

Assim, a oração de Clara, de pura contemplação, se volta a uma contínua oração de intercessão por aqueles que sofrem: tanto para o pequeno Mateus de Espoleto, para o filho do Sr. Giovani, o procurador do mosteiro, como para as monjas enfermas, para a mulher de Pisa e para toda Assis.

FLORESCER DE PRODÍGIOS

Florescem os milagres.

Mateus, um menino de três ou quatro anos, de Espoleto, tinha enfiado uma pedra no nariz, e tão profundamente se tinha alojado que não se pode tirá-la de modo algum. O menino corre perigo de sufocar-se. Com grande angústia o levam a Clara, que faz o sinal da cruz sobre ele. Logo em seguida a pedra sai, espontaneamente.

O filho do Sr. Giovani de Assis – o procurador do mosteiro – corre perigo de morte em virtude de uma infecção nas glândulas linfáticas que lhe causam uma alta febre. O pequeno, de cinco anos, é levado pelo pai à abadessa Clara, que, depois de ter orado e feito o sinal da cruz na testa do menino, o devolve completamente curado.

Também de Perúgia trazem a São Damião um menino: tem uma mancha no olho. Clara toca no menino e faz sobre ele o sinal da cruz. Depois ordena que o levem à mãe dela, Hortolana – que após a morte de Favarone seguiu as filhas, vestindo o hábito franciscano –, a fim de que ela repita sobre a criança o sinal da cruz. O olho fica inteiramente limpo e normal.

Uma mulher de Pisa, endemoninhada, volta ao locutório do mosteiro, liberta de toda forma de possessão, para agradecer à Santa por sua oração.

Mas não é somente pelas crianças, nem pelas Irmãs, nem pela mulher de Pisa que Clara intercede junto a Deus. Como vimos a propósito do ataque dos sarracenos ao mosteiro, Clara também reza por Assis, para que a cidade não sofra dano algum.

A LIBERTAÇÃO DE ASSIS

Há um episódio que nos fala do poder da oração de Santa Clara diante do trono de Deus.

Foi em 1241, no ano seguinte à tentativa de ataque dos sarracenos a São Damião, em que tropas regulares do exército de Frederico II, sob o comando de Vital de Aversa, assediam Assis e intimidam os defensores à rendição. Após grande resistência, a cidade está para ceder. Vindo a saber disso, Clara reúne as monjas.

Segue a narração desse episódio por uma das monjas, Irmã Francisca de Messer Capitaneo:

> Ela, Santa Clara, chamou as Irmãs e lhes disse: "Pelos muitos bens que temos recebido desta cidade, é nosso dever pedir a Deus que a defenda". Ordenou que, de manhã, as Irmãs viessem a ela mais cedo. Uma vez reunidas, a dita mulher (Clara) pediu que lhe trouxessem cinza, descobriu a cabeça e fez o mesmo com as Irmãs. Depois, tomando as cinzas, espalhou-as primeiro sobre sua própria cabeça, em grande quantidade, e a seguir fez o mesmo sobre a cabeça de todas as Irmãs. Depois, ordenou que todas fossem orar na capela, e o que aconteceu foi que o exército foi-se embora no dia seguinte, esfarrapado e vencido. A partir daí, a cidade de Assis não sofreu mais ameaça alguma. Naquele dia de oração, as Irmãs fizeram abstinência e jejum a pão e água. Algumas delas não comeram nada nesse dia (*Proc.* IX, 3).

ABERTURA DE CLARA AO MUNDO

A oração contemplativa de Clara, abrindo-se para o mundo, torna-se oração de intercessão: é mais, é mesmo aqui na oração que a clausura de São Damião se abre e se estabelece uma relação entre a Santa e a humanidade. Clara tem, em Deus, uma compreensão imediata de todos os problemas humanos, está mais próxima dos seres humanos e de todas as criaturas. Porém, por sua vez, os seres humanos e as criaturas levam-na a Deus, porque lhe falam do criador, do redentor, do Deus que se humaniza por amor aos seres humanos.

A oração de Santa Clara é uma circular de amor: de Deus aos seres humanos e deles a Deus. A clausura é somente um meio através do qual essa circularidade atua.

"Que sentido faz tudo isso?", talvez alguém se pergunte. Podemos responder com uma página de Romano Guardini:

> Como o dia em que o Senhor se encontrava em Betânia, e Maria quebrou um vidro de nardo precioso e o derramou sobre os santos pés e os secou com seus cabelos, o perfume se espalhou por toda a casa. Um espírito mesquinho murmurou: "Para que este desperdício?". Mas o Filho de Deus respondeu: "Deixai-a em paz, porque ela prepara o dia da minha sepultura". Está aqui um mistério de morte, de amor, de fragrância, de oferta. É como um incenso: um mistério de beleza que ignora toda finalidade, mas sobe livre; do amor que queima, se consuma e ultrapassa a morte. Aqui também se apresenta o espírito vazio que pergunta: para que serve isso?
> Oferta de fragrância, diz a Escritura, são as orações dos santos. Símbolo da oração é o incenso, exatamente aquela oração que não busca nenhum fim, que nada pede e que se eleva como o "glória" depois de cada salmo, que adora e quer agradecer a Deus, "porque ele é grande e magnífico"...
> Mas existe na religião uma rigidez que provém da mesquinhez do sentimento, da aridez do coração, como a murmuração de Judas Iscariotes.

Aqui a oração se reduz à utilidade espiritual; nesse sentido ela pode ser medida aburguesada e racional.

Tal mentalidade ignora totalmente a plenitude real da oração que se quer doar. Ignora a profunda adoração, ignora a alma da oração que não pergunta a ninguém "por quê?" nem "para que serve?", mas se eleva, porque o amor e a fragrância são belezas. E quanto mais se ama, tanto mais se oferece, e a fragrância nasce de um fogo que consome (R. Guardini, *Los santos signos*, Brescia, 1954, 81-84).

CAPÍTULO V

A "ALTÍSSIMA POBREZA"

Nos anos que se seguiram à morte de Francisco (1226), Clara aparece, sobretudo, empenhada em sustentar o mesmo ideal de pobreza do Santo.

Em Assis, a comunidade das Irmãs Pobres cresce cada vez mais: entre outras, em 1229, ingressa Beatriz, a última irmã de Clara, e, quase ao mesmo tempo, sua mãe Hortolana, uma vez que seu esposo Favarone havia falecido. Mas a Ordem se expande para além da Itália: em 1243, no dia de Pentecostes, a filha do rei Otacar I, Inês, ingressa no mosteiro das Clarissas fundado em Praga.

Chegaram até nós somente quatro das cartas enviadas por Santa Clara a Inês; estas representam uma das fontes de maior valor para o conhecimento da espiritualidade da Santa de Assis, e a elas, como tais, fizemos frequentes referências. Escreve Clara na primeira carta: "Somente aos pobres o Senhor promete e doa o Reino dos Céus, porque, se se prende o coração às coisas deste mundo, se perde o fruto da caridade...".

Em outra parte da mesma carta, escreve:

Ó bem-aventurada pobreza, que busca riquezas eternas a quem a ama e abraça! Ó pobreza santa! A quem a possui e deseja, Deus promete o Reino dos Céus e lhe concede infalivelmente glória eterna e vida bem-aventurada! Ó piedosa pobreza, que o Senhor Jesus Cristo se dignou abraçar a preferência a todo bem. Ele que desde sempre domina o céu e a terra, e que com um simples sinal de sua palavra criou todas as coisas!
De fato, dele se diz: "As raposas têm suas covas e as aves do céu, seus ninhos, mas o Filho do Homem não tem onde repousar a cabeça", de modo que, quando a reclinou, foi para dar o último suspiro.
Se tal e tão grande Senhor, descendendo do ventre da Virgem, quis aparecer ao mundo como um homem desprezado, necessitado e pobre, era para que os homens que eram paupérrimos e indigentes... fossem ricos em possuir o Reino Celestial. Exulte e alegre-se, cheia de imenso júbilo e alegria espiritual! Porque também tu preferiste o desprezo do mundo às honras, a pobreza às riquezas materiais que passam e decidiste pôr seus tesouros não na terra, mas no céu, onde a traça não corrói nem a ferrugem os consome, onde não há ladrões que os violem ou roubem: assim, assegurou-te uma grande recompensa no céu e fez por merecer ser chamada com pleno direito irmã, esposa e mãe do Filho do Altíssimo Pai e da gloriosa Virgem" (*Carta I a Inês de Praga*, 15-24).

IMITAÇÃO DE CRISTO POBRE

Essa é uma das tantas passagens dos escritos de Clara em que a Santa exorta à pobreza. Denota-se aquela imagem do texto da exortação e da contemplação, às quais nos referimos no capítulo anterior. A Santa passa de imediato da pobreza abstrata à contemplação de Cristo pobre, de modo que, assim, a pobreza tem sentido, não tanto como prática ascética (muito menos como finalidade em si mesma), mas por amor ao Cristo pobre.

Porque ele não teve onde repousar a cabeça, também Clara será igualmente pobre e não terá onde reclinar sua cabeça. Porque ele não teve uma moradia, nem bens, nem sequer uma túnica – que também esta lhe arrancaram antes da crucificação –, tampouco Clara terá casa, bens, hábito; aquilo que a necessidade da vida lhe impõe, ela o possuirá somente do mesmo modo que Cristo o possuiu, quer dizer, oferecido momento a momento pela bondade do Pai.

Perante Deus, Clara é a "pobreza" por excelência. Sua vida, por vontade do Altíssimo Pai Celestial e sob a guia de Francisco, passa através de uma experiência rude, dura, nua e integral de uma pobreza material e moral que a própria Clara, na Regra, terá de chamar com muitos nomes para dar a entender: "pobreza, fadiga, tribulação, humilhação, desprezo do mundo" (*Regra de Santa Clara*, VI, 2).

Essa experiência inicial da sua vida religiosa – assim como fora proposta por Francisco, como prova de sua vocação ao Evangelho – continuará por todo o curso de sua vida: o esvaziamento de toda segurança possível fora de

Deus; o desnudamento de toda ilusão possível, de toda dependência e de toda espera, que não seja a espera de Deus, somente dele, o Senhor: uma presença que embriaga de alegria o coração, que se abre humilde e pobre numa oração que é amor "no segredo do Pai" (Mt 6,6). "O amor de Deus a torna feliz, a contemplação a faz repousar, a bondade a plenifica, a suavidade invade-lhe toda a alma, a recordação dele brilha na sua memória" (*Carta* IV, II, 12).

O Reino é dos pobres: a plenitude do bem só pede um vazio que a receba. A pobreza de Clara é uma pobreza radical, capaz de cavar esse vazio até o mais íntimo do coração; é uma *kénosis* – uma vasta gama de pobreza-obediência-amor e humilhação – capaz de deixar de joelhos diante do Altíssimo Pai não somente a sua pessoa, mas também o seu ser mais profundo, onde se aninha o *eu* do orgulho.

Ninguém se torna humilde, pobre de si, sem antes desfrutar, como Clara, dessa herança de "pobreza, fadiga, tribulação, humilhação e desprezo do mundo", que é a herança do Filho de Deus e de sua Mãe pobre, que estará sempre seguindo seus passos, "a herança que conduz à terra dos vivos" (*Regra de Santa Clara*, VIII, 5). Francisco dirá: "Quem é pobre de espírito, odeia a si mesmo e ama aqueles que lhe batem nas faces" (*Admoestações* XIV).

O "Pobrezinho" ensinou bem a Clara em que consiste a pobreza, e escreve em seu *Testamento*: "Aqueles que vieram para seguir essa forma de vida *davam* aos pobres *tudo* quanto possuíam: contentavam-se com uma única túnica remendada por dentro e por fora, e, se o quisessem, com cíngulo e panos menores: *e não desejavam possuir mais que isso"*, e também: "guardem-se os irmãos de não aceitar absolutamente igrejas, habitações pobres e quanto é construído para eles, se não se referem à santa pobreza, que tínhamos prometido na Regra, permanecendo sempre como forasteiros e peregrinos" (*Testamento de São Francisco*, 19-21; 28). E na primeira Regra para seus frades menores: "Todos os irmãos procurem seguir a humildade e a pobreza de nosso Senhor Jesus Cristo, e lembrem-se de que nada nos é permitido possuir em todo o mundo, como diz o apóstolo, senão o alimento e a roupa, e devemos contentar-nos com isso" (c. IX, 1,2).

A medida de Francisco no seguimento de Cristo pobre e crucificado é a medida dos enamorados; é também a medida de Clara, enamorada como Francisco. Com tal exemplo, o Santo demonstra à sua "plantinha" que a pessoa não necessita de outra coisa senão da vontade de Deus, e que nada se deve buscar senão o Reino de Deus, que é dos pobres.

Está escrito no Evangelho:

> Olhai as aves: não semeiam nem colhem, não têm celeiro nem despensa. No entanto, Deus as sustenta. Será que vós não valeis mais do que as aves?... Olhai como crescem os lírios do campo. Não trabalham nem fiam. No entanto, eu vos digo: nem Salomão, em toda a sua glória, jamais se vestiu como um só dentre eles. Ora, se Deus veste assim a erva do campo, que hoje existe e amanhã é lançada ao forno, quanto mais não fará convosco, gente de pouca fé. Também vós, não fiqueis ansiosos com o que comer ou beber... Vosso Pai sabe do que precisais. Buscai, pois, o seu Reino, e essas coisas vos serão dadas por acréscimo (Lc 12,24ss).

Assim é a pobreza de Clara, como referem suas fontes: *fé despojada*; um abrir-se diante do Pai, com fé ilimitada nas promessas evangélicas feitas aos pobres. Um abandonar--se infinito e sem medida à fé no "Pai das misericórdias", que é o "Doador de todo bem" e ao qual "devemos reconhecer enormemente pelos benefícios com os quais nos plenifica..." (*Testamento de Santa Clara*, 2,58). É colocar livremente o coração, isento de toda preocupação humana, livre como "os pássaros do céu" nas mãos daquele Pai, o Altíssimo, que conhece até o número de nossos cabelos e sabe do que necessitam seus filhos (Lc 12,22-32).

Fora dos muros de São Damião, Francisco mendiga de porta em porta, feito pobre por amor de Cristo, contente da vida com uma túnica áspera e uma corda. Dentro dos muros, Clara se defende, até a morte, de quem quer separá-la da "altíssima pobreza", que a torna "irmã, mãe e esposa de Cristo".

O PRIVILÉGIO DA POBREZA

Assim que entrou em São Damião, Clara distribuiu aos pobres sua parte da herança paterna:

> ... e não conserva nada para si, nem mesmo uma pequena parte, distribuiu tudo aos pobres. A partir desse momento ela deixa fora o mundo e se enriquece interiormente, corre livre e solta, sem bolsa, no seguimento de Cristo (*Legenda de Santa Clara*, 13).

Nos anos de 1215 ou 1216, obtém da Sede Apostólica o chamado *Privilégio da pobreza*, um documento único no gênero, pelo qual a Santa pede ao Papa a garantia de que ninguém possa obrigar a ela e às suas seguidoras a aceitar posse alguma.

Escreve Gregório IX, na segunda redação de 1228 desse documento, que está na base da experiência evangélica de Clara:

> Não as afaste do seu propósito, não as afaste o medo de que lhes falte alguma coisa, porque a mão esquerda de seu Esposo Celestial está sobre suas cabeças para sustentá-las na debilidade de seus corpos... E aquele que alimenta as aves do céu e veste os lírios do campo não lhes deixará faltar nem comida nem roupa... Tudo foi vendido e distribuído aos pobres, e se propõem não conservar posse alguma, seguindo em tudo as pegadas daquele que por nós se fez pobre e é o Caminho, a Verdade e a Vida.

O Pai celestial é, para Clara, aquele Pai do qual se pode dizer, no final da vida, que "sempre cuidou qual mãe dos seus filhos pequenos que ama" (*Proc.* III, 20; XI, 3); e bendizê-lo e agradecê-lo, diante da irmã morte, como "mulher pobre", que recebeu tudo gratuitamente dele: "Bendito sejas, meu Senhor, porque me criaste...".

Ao mesmo Papa Gregório, que várias vezes a exorta a receber propriedades que possam produzir ganhos para o mosteiro, Clara se opõe sempre, com firme mas respeitosa recusa. Ele trata de tranquilizá-la: "Se temes pelo teu voto, nós te dispensamos dele", ao que a Santa responde: "Santo Padre, por nenhum pacto, nem nunca, jamais, desejo ser dispensada do seguimento de Cristo" (*Legenda de Santa Clara*, 14).

Na Regra (1253), conforme o modelo da Primeira Regra de São Francisco (1221), e da Regra aprovada em 1223, prescreve: "Quando alguém, por divina inspiração, vir a nós com o desejo de abraçar esta vida, sejam-lhe ditas as palavras do Evangelho: 'Vai e vende todos os teus bens e distribui-os aos pobres'" (*Regra de Santa Clara*, II, 8,9); porque "pobre desde o seu nascimento, Cristo foi colocado numa manjedoura, pobre viveu sobre a terra e pobre morreu sobre a cruz" (*Testamento de Santa Clara*, 45). E introduz um capítulo inteiro, o sexto, que surge inteiramente do seu coração, rico de lembranças autobiográficas e franciscanas, no qual ela reafirma o conceito tantas vezes repetido às Irmãs, de que "a comunidade será agradável a Deus quando for rica de pobreza e permanecer firme para sempre, se for sempre protegida pela torre da altíssima pobreza" (*Legenda de Santa Clara*, 13).

Toda a Regra de Santa Clara fala continuamente de pobreza, desde o início, quando a Ordem foi definida como "Ordem das Irmãs Pobres", até o aspecto de viver em comunidade "por amor ao Santíssimo Menino, envolvido em pobres panos e colocado na manjedoura, e de sua santíssima Mãe, admoesto e firmemente exorto minhas Irmãs a vestir sempre roupas pobres" (II, 25); até o aspecto evangélico e eclesial: "Súditas e sempre sujeitas aos pés da Igreja, sólidas na fé católica, observemos sempre a pobreza e a humildade do nosso Senhor Jesus Cristo e de sua santíssima Mãe, e o Santo Evangelho que prometemos firmemente observar" (XII, 13).

A Santa observou firmemente a pobreza não só por palavras, mas por toda a sua vida: quando os frades regressam da coleta, não é por causa dos pães inteiros que ela se alegra, mas pelas migalhas oferecidas pela caridade das pessoas: isso ela recebe com especial alegria, de acordo com o estado de vida que escolheu Francisco, primeiramente, e ela, depois dele.

Nunca a voz da Santa ressoa com tanta candura como quando exorta à pobreza, e nunca suas palavras encontram tantos obstáculos em quem as escuta. Porque não é realmente fácil entender esse amor tenaz a uma pobreza absoluta, que sente como insuportável peso toda pequena posse, assim como toda preocupação econômica pelo amanhã, se não se entra na ordem desejada por Deus, pela qual a vida tem um único objetivo: a glória do próprio Deus.

Pobreza não quer dizer miséria. Aquele que estende sua mão ao próximo com a avidez de possuir é menos pobre do que quem possui muito sem estar apegado aos seus bens. Existem pobres que prefeririam a morte a quem lhes tirasse o pouco que têm; há quem possua uma coisa só e seria capaz de matar a quem a tentasse tirar-lhe. Estes não são pobres, mesmo que o mundo assim os julgue por suas vestes. Não foi por causa deles que Jesus disse: "Bem-aventurados os pobres, porque deles é o Reino dos Céus" (Mt 5,3).

Pobres são aqueles para os quais é indiferente ter ou não ter, são todos aqueles que, sobre a face da terra, são felizes por aquilo que o Senhor lhes dá, convencidos de que é o bastante para oferecerem a Deus o louvor que ele lhes pede. *Pobres* são aqueles que repousam na vontade de Deus, a qual se manifesta momento a momento, e que se valem daquilo que possuem para cumpri-la bem, sem desviar-se nem perder-se em fantasias, sem construir no vazio, mas vivendo num realismo do presente que usa tudo aquilo que Deus põe à sua disposição, instante a instante, para glorificá-lo segundo a segundo.

É verdade também que está escrito:

> Se queres ser perfeito, vai, vende tudo o que tens e dá-o aos pobres, e terás um tesouro no céu; depois vem e segue-me... E todo aquele que tiver deixado casa ou irmãos ou irmãs, ou pai ou mãe, ou filhos, ou campos por causa do meu nome, receberá cem vezes mais e terá por herança a vida eterna (Mt 19,21-29).

A POBREZA, EXIGÊNCIA DA ALMA CONTEMPLATIVA

"Se queres ser perfeito...", diz Jesus; é um convite, mas para quem o ama tal proposta se torna uma ordem, porque o Mestre exorta: "Sede perfeitos, como é perfeito o vosso Pai que está nos céus" (Mt 5,48). Assim acontece porque, literalmente, pobre é aquele que, ainda que tenha posses, não está apegado a seus bens. Quem se propõe a um radical seguimento de Cristo sente como um peso intolerável toda posse; qualquer propriedade se torna um estorvo, um laço que não permite à alma seguir livremente o Senhor, seja aonde ele a quiser levar.

Este é o maior fruto da pobreza: libertar a alma de tudo e torná-la disponível à posse plena de Deus. Poder-se-ia dizer que, pouco a pouco, à medida que se despoja de tudo (despojamento das coisas mediante a pobreza, despojamento de si mediante a forma suprema de pobreza, que é a obediência), a graça de Deus encontra maior espaço para expandir-se e agir. E quanto mais a graça se expande, tanto mais a alma sente como peso toda propriedade que não seja somente Deus.

A pobreza absoluta é também, ao mesmo tempo, uma necessidade da alma que tem sede somente de Deus e uma manifestação do trabalho que a graça realizou e continua realizando gradualmente na alma. Quem ama a Deus de todo coração, com toda a mente, com todas as forças e deseja, como todo amante, unir-se ao amado, não pode desejar outra coisa senão Deus e sentir incômodo por tudo aquilo que freia a corrida para ele.

Assim acontece com Santa Clara.

Sem nenhuma forma de sustento natural ou humano, ela se sente livre, vazia, aberta e disponível diante da plenitude do Bem, que brota como uma alegre fonte do seio do Pai das misericórdias e se estende, plenificando de "secreta doçura o coração dos amigos" (*Carta* III, 14). Mais ainda, somente a lembrança dessa plenitude de Bem enche o coração, porque "brilha docemente na memória" (*Carta* IV, 12), convida e insiste a ser sempre mais pobre, mais vazia: pobre segundo a medida de Francisco, para ser como ele, capacidade do Deus que é "todo Bem".

A terra nua lhe serve por muito tempo de cama; uma pedra do rio, como travesseiro, alguns pedaços de pão – os menores – como alimento. Um mosteiro velho lhe serve como abrigo durante os quarenta e dois anos de sua vida monástica. Nas rudes habitações de São Damião, Clara conhece o que quer dizer ser pobre e passar frio, fome e cansaço pelo trabalho; mas tudo isso ela considera riqueza.

Não se poderia entender essa escolha de vida se a pobreza não fosse, como temos dito, um umbral aberto para uma vida de graça, que compensa com abundância o sacrifício de todos os bens.

Não basta à Santa não ter nada; ela quer garantir para suas Irmãs a incapacidade jurídica de toda forma de posses. Benvinda de Perúgia afirma: "Ela amou tanto a pobreza que nem o Papa Gregório nem o bispo de Óstia conseguiram que ela aceitasse receber alguma posse..." (*Proc.* II, 22); Pacífica de Guelfúcio e Filipa de Leonardo de Gislério fazem eco a essas palavras (*Proc.* I, 13; III, 14).

É a segurança pelo amanhã que Clara combate com todas as suas forças, ainda que um mínimo de renda fixa pudesse garantir não somente o pão, como também a ordem e a regularidade da vida de oração da comunidade das Irmãs. É certo, também, que se trata de um limite que se impõe à Providência, que promete cem vezes mais nesta vida, além da glória eterna, a quem deixa tudo. Garantir o amanhã significa, afinal de contas, confiar mais nos meios humanos do que em Deus, recusar a mão que o Senhor estende e cumula de todo bem. Confiar na Providência é preferir um pão duro e velho e um fruto seco pelo tempo. É uma questão de fé. Aquele que não crê sente a necessidade de prover por si mesmo; quem crê na promessa de Deus não acumula nem precisa assegurar-se o amanhã.

A segurança de Clara é a Palavra de Deus, e não aceita outra garantia. Sua pobreza é pobreza que se torna *itinerante*, é um caminho de fé, de êxodo até a terra prometida: sem seguranças humanas, sem uma morada fixa neste mundo, sem um lugar onde reclinar a cabeça, como Cristo. Porque, repete Clara junto com Francisco, "as raposas têm suas tocas, e as aves do céu têm seus ninhos, mas o Filho do Homem não tem onde reclinar a cabeça" (*Carta* I, 18).

Nesse estreito ambiente dos muros do claustro, Clara vive, encerrada, uma itinerância na fé e na pobreza: a itinerância de quem se encontra a caminho do Reino e, não obstante, ainda não "chegou" nem "chegará" aqui na terra. Mais ainda, experimenta a cada momento a brisa da noite pascal.

> Por amor ao Cristo pobre, é assim severo o pacto que Clara fez com a pobreza, e de tal modo a amou que nada mais quer possuir senão ao Cristo Senhor, e nada promete a suas filhas possuir (*Legenda de Santa Clara*, 13).

Escreve na Regra:

> As Irmãs não tenham nada como próprio, nem casa, nem lugar, nem coisa alguma: servindo ao Senhor na pobreza e humildade, como peregrinas e forasteiras neste mundo... Porque o Senhor se fez pobre por nós (VIII, I).

Nem sequer seu amado São Damião – o mosteiro reconstruído por Francisco, onde Clara consumou toda a sua existência –, nem mesmo os quatro muros da clausura mais rígida puderam frear Clara no seu caminho como "peregrina e forasteira neste mundo". Como Francisco, vestida da pobreza do Senhor Jesus e de sua Mãe tão pobre, nada pode deter sua itinerância na fé e na pobreza, que reconhece como própria uma só morada: *a humanidade pobre e crucificada do Senhor Jesus.*

Unida a ele, somente a ele, como virgem pobre – sem o estorvo de bagagem para o caminho, sem uma muda de roupa, sem bolsa de dinheiro, sem bastão para apoio, como está escrito no Evangelho (Mt 10,10; Lc 9,3; 10,4) –, Clara se torna uma só coisa com a humanidade crucificada e dolorosa, perante a plenitude do Bem – o Pai – que a enche de alegria e invade de íntima e segura luz a longa noite do sofrimento humano. É o segredo fundamental de Clara, forte, pobre, límpida, linear e segura. Até o fim: *"Caminha com segurança...,* alma minha bendita" (*Proc.* III,20).

A RESPOSTA DA PROVIDÊNCIA

A Providência, por sua vez, está pronta a manter a promessa e a intervir também de modo milagroso, quando o trabalho das Damas Pobres não basta para prover às necessidades da vida.

Cecília de Messer Gualtieri, responsável pela despensa do mosteiro, relata no processo canônico (VI, 16) um episódio que ilustra o que temos dito até agora.

A hora do jantar se aproxima e se intensifica a fome. No mosteiro resta somente um pão, um pão para cinquenta monjas – a comunidade havia aumentado – e para os frades que a assistem.

Clara manda chamar a encarregada da despensa e ordena que divida o pão e que envie a metade aos seus frades; da outra metade, corte cinquenta pedaços e os distribua às monjas no refeitório. Cecília estranha tal ordem e olha surpresa para a Madre, dizendo: "Minha Madre, para poder fazer isso seria necessário que se renovasse o milagre da multiplicação dos pães. Como conseguir cinquenta pedaços de meio pão?".

"Fica tranquila e faze como te disse", responde-lhe a Santa.

Cecília começa a partir o meio pão, que cresce entre suas mãos, até que o cesto fique cheio de cinquenta pedaços grandes e fartos.

E, nesse dia, na mesa das Damianas, não faltou o pão da Providência.

O pão... mas a caridade de Deus chega a sutilezas que os homens raramente percebem.

No andar superior, na enfermaria, está uma Irmã externa gravemente doente. Como boa mãe, Clara a atende pessoalmente. Mas a enferma há tempo recusa todo alimento.

"Irmã" – lhe diz Santa Clara em sua caridade –, "o que podes comer, o que desejas comer com gosto?" A Irmã, a quem a gravidade da doença lhe tira todo apetite, responde: "Comeria com gosto as trutas do rio Topino e o pão de Nocera", acreditando que seria impossível conseguir tais alimentos em virtude da distância entre o rio Topino, Nocera e Assis.

Mas a caridade da Santa não se detém perante essas exigências. De joelhos, Clara roga a Deus que atenda às necessidades da filha enferma.

Aos poucos cai a tarde e, ao anoitecer, começa uma forte chuva. Na escuridão e em meio à tormenta, alguém chama insistentemente junto à portaria do mosteiro. Acreditam que seja algum dos frades. Mas a Irmã que atende à portaria vê um jovem que lhe entrega, sem dizer palavra, um recipiente embrulhado num pano.

Leva o embrulho à Madre para que ela veja o que ele contém e possa devolver o pano ao jovem que espera do lado de fora. Aí encontram as trutas e o pão que a enferma havia pedido. O jovem, convidado pelos frades a permanecer, por causa da hora e do mau tempo, se recusa e afasta-se rapidamente.

Não resta outra coisa à Santa senão agradecer ao Onipotente por ter provido as necessidades das "Damas Pobres".

SANTA CLARA E O TRABALHO

Seria errado julgar que a pobreza abraçada de modo radical por Clara e suas irmãs fosse um cego recorrer à ajuda do próximo. Ao contrário, a Santa de Assis exorta suas filhas a trabalhar com empenho e a que recorram à generosidade dos demais somente quando o fruto do trabalho não for suficiente para prover às necessidades da vida.

Assim lhe ensinou Francisco, que escreve em seu *Testamento*: "E eu trabalhava com minhas mãos e quero trabalhar, e desejo que todos os demais trabalhem, mas um trabalho que convém à honestidade. Aqueles que não o sabem, que aprendam, não por avidez de receber a recompensa do trabalho, mas para dar o exemplo e manter longe a ociosidade". Recorrer à "mesa do Senhor", quer dizer, à esmola, se admite somente "quando não se obtém recompensa pelo trabalho" (24-26).

O trabalho deve ser tal que favoreça o espírito de oração, sem sufocá-lo, pois, se se impede a união da alma com Deus, diminui-se a finalidade da pobreza, que é a de liberar a alma e dispô-la à ação da graça.

É assim que Clara

> deseja que, em determinadas horas, as filhas se dediquem aos trabalhos manuais, de modo que, segundo a intenção do Fundador, renovem o fervor e o exercício da oração, afastando o endurecimento da negligência e, sacudam, com o fogo do amor santo, o gelo da não devoção (*Legenda de Santa Clara*, 36).

O capítulo VII da Regra prescreve:

> As Irmãs às quais o Senhor concedeu a graça de trabalhar, trabalhem após a hora Terça [9 da manhã] empenhando-se em trabalhos decentes e de comum utilidade, com fidelidade e devoção, de modo que, afastado o ócio, inimigo da alma, não extingam o espírito da santa oração e devoção a que todas as coisas temporais devem servir.

Clara segue uma hierarquia de valores bem precisa: o trabalho deve ser visto em função da oração, como uma ajuda, e não igual à oração. Nem mesmo deve ter por objetivo único e principal a busca de sustento para as Irmãs. Para Santa Clara, o trabalho é uma exigência da caridade, que, iluminada pela oração, não pode senão levar à ação. "... Como o recipiente que, sob a fonte, quando está cheio derrama e rega o terreno que o rodeia – diz Santa Catarina em seu *Breve diálogo sobre a perfeição consumada* –, assim o recipiente que se encontra sob a fonte do amor de Deus, quando está cheio, derrama em torno de si a água benéfica, sem vacilar jamais."

O principal objetivo do trabalho, segundo Santa Clara, é amar a Deus na ação, como se ama a ele na contemplação. Podemos dizer que, para Santa Clara, não existe diferença entre oração e trabalho, porque um e outro nascem do amor contemplativo, tendo como fim único, uma vez mais, o amor contemplativo.

Por isso mesmo, não tem sentido que o trabalho corresponda somente a uma tribulação: à Santa de Assis interessa que o trabalho seja testemunho do amor a Deus e favoreça a oração, e que a retribuição ajude às necessidades da comunidade. Como para ela a oração é oração para o louvor a Deus, também a fadiga seja fadiga para a vinda do Reino de Deus.

São Francisco prescrevia aos irmãos o trabalho, onde quer que se encontrassem, sem jamais pedir recompensa, e que ficassem contentes com aquilo que ganhassem, e que isso não considerassem como retribuição pelo trabalho, mas como esmola, fruto da caridade do próximo.

Assim também é para a "plantinha" Santa Clara, que se preocupa com que as filhas trabalhem não por interesses pessoais, e que depois de haver trabalhado, sem presunção, como verdadeiros pobres, com humildade, estendam a mão à caridade do próximo – a mesma mão da Providência divina, que veste os lírios, alimenta as aves e, com maior razão, assiste os seus filhos.

CORPORAIS DE SANTA CLARA

Aqui também a Santa é mestra mais pelos feitos do que pelas palavras: estando doente, não renuncia ao trabalho, mas, "não querendo nem por um instante permanecer ociosa... se fazia levantar e sentar na cama, e bordava", testemunha Irmã Cecília de Messer Gualtieri (*Proc.* VI, 14). Faz erguer a almofada com alguns panos e entrelaça algumas telas finas, com as quais costura corporais – cinquenta pares, conta Francisca de Messer Capitaneo –, guarda-os em pequenas bolsas de seda e os entrega aos frades para que os repartam nas igrejas pobres, existentes nos vales e arredores.

Quando os lábios de Clara deixam de orar, suas mãos começam: lábios e mãos não fazem outra coisa senão testemunhar o transbordar do "contentor", sob a torrente do amor de Deus.

CAPÍTULO VI

"VAI TRANQUILA, ALMA MINHA BENDITA!"

Também nos últimos anos de vida da Santa, para não dizer nos últimos meses, ela se empenha na defesa da pobreza absoluta.

Em 1251, a doença que ela contraíra em 1224 estava tão agravada que fazia prever a sua partida iminente para o Senhor.

> A virtude se aperfeiçoa na doença. É como se a sua maravilhosa virtude fosse aperfeiçoada pela enfermidade; a prova disso é que, em vinte e oito anos de dor contínua, não se ouve uma murmuração sequer, nem um lamento, mas de sua boca saía sempre uma conversação santa, sempre em ação de graças (*Legenda de Santa Clara*, 39).

Mais ainda, Clara nunca deixa de louvar o Senhor, e exorta suas Irmãs a que permaneçam fiéis à Ordem, especialmente no amor à pobreza (Irmã Cristiana de Bernardo, *Proc.* XIII, 10).

Recrudescendo a doença, as Irmãs aproximam-se mais do que nunca de sua Madre, temendo que ela possa faltar de um momento para o outro.

Deus dá a entender que está disposto a fazer com que a Santa permaneça viva enquanto não se encontre em Assis a Cúria papal, que nesse ano está em Lion.

Uma monja beneditina do mosteiro de São Paulo – o mesmo no qual Clara esteve no início da sua vida religiosa – teve esta visão: parece-lhe encontrar-se com suas Irmãs em São Damião, para assistir Clara enferma, e que a Santa jaz numa cama preciosa. Enquanto elas choram, esperando a morte da virgem, uma mulher majestosa aparece junto à cama e diz àquelas que choram: "Não chorem, filhinhas, porque ela viverá, pois não pode morrer até que venha o Senhor com seus discípulos".

VISITA SOBERANA

Quase no fim do ano, em novembro de 1251, o Papa Inocêncio IV chega a Perúgia com a Corte Papal. A 8 de setembro de 1252, a pobre "plantinha" de São Francisco recebe a visita do Cardeal Rinaldo Segni, bispo de Óstia e Velletri, seu devoto amigo e protetor da Ordem. Ele dá a Clara o Corpo do Senhor e dirige um sermão à comunidade reunida. A Santa aproveita essa visita para suplicar ao Cardeal que interceda por ela junto ao Papa, para que se confirme perpetuamente a *forma de vida* na pobreza.

É fato conhecido que a Regra, aprovada pela Sé Apostólica, que as damianas professam enquanto Clara espera a irmã morte em seu leito na enfermaria, não é ainda aquela que a Santa quer deixar perpetuamente como forma de vida para suas filhas presentes e futuras. Clara redigiu uma Regra própria, na qual inclui a pequena Regra primitiva que lhe havia dado Francisco, assim como os seus conselhos orais e escritos, mas, sobretudo, a substância do Privilégio da pobreza.

É essa a Regra que ela recomenda fervorosamente ao Cardeal de Óstia, suplicando-lhe que insista junto ao Papa pela aprovação definitiva. No dia 16 de setembro, o Cardeal Rinaldo conforta a abadessa de São Damião com a carta *Quia vos*, que será integrada à Bula de Inocêncio IV, *Solet annuere*, de 9 de agosto de 1253.

No decurso do ano de 1252, o Papa com os Cardeais se transferem de Perúgia para Assis: a visão sobre o trânsito da Santa está para cumprir-se. É assim que a doença que mina cada vez mais o corpo de Clara, já tão provado durante tantos anos de enfermidade, está para vencer. Percebe-se que o final se aproxima.

O Papa se apressa em visitar a pobre Damianita:

> Como havia aprovado sua vida, mais do que a de qualquer outra mulher do nosso tempo, assim ele não duvida em honrar a morte com sua presença papal (*Legenda de Santa Clara*, 41).

Ao entrar no mosteiro, ele se dirige ao local onde Clara se encontra e aproxima a mão do seu rosto, para que ela a beije. Ela a toma com emoção e quer beijar-lhe também os pés. Assim, o Vigário de Cristo sobe num banco de madeira e aproxima dela o pé, que a Santa beija e sobre o qual apoia reverentemente o rosto.

Depois, pede-lhe perdão por todos os pecados. A alegria do Sacramento que está por receber lhe ilumina o rosto. O Pontífice exclama: "Oxalá eu também necessitasse apenas desse mesmo perdão" e lhe dá a absolvição geral e a bênção apostólica. Frei Ângelo, Ministro Geral dos Frades Menores, lhe dá o Corpo de Cristo.

Quando Clara fica novamente a sós com suas Irmãs no silêncio de São Damião, enquanto lágrimas de comoção lhe inundam o rosto, diz a suas filhas: "Louvai o Senhor, minhas filhinhas, porque hoje Cristo se dignou conceder-me tal benefício, que terra e céu não bastariam para pagá-lo. Hoje recebi e mereci ver seu Vigário" (ibid., 42).

LONGA E SERENA AGONIA

O Senhor, porém, se aproxima, está quase à porta: Clara entra numa longa agonia. Durante dezessete dias a Santa não ingere alimento algum; pouco a pouco, as forças corporais vão abandonando-a, mas parece que entra nela uma força espiritual, que lhe permite confortar a quem vai visitá-la.

As portas da clausura se fecham, até para os numerosos cardeais que chegam a cada dia para obter forças como de uma Santa. A todos eles ela exorta ao mais perfeito serviço a Deus.

Fora, no campo, é verão. Na enfermaria de São Damião, Clara pede aos frades que a acompanhem na leitura da Paixão do Senhor.

Estão presentes Frei Leão – o amigo, companheiro, confessor e conselheiro de São Francisco –, que, chorando, beija a cama da agonizante; Frei Angel, também um dos primeiros companheiros do Santo, que consola, chorando, as monjas; Frei Junípero, "jogral de Deus", a quem a Santa pergunta, animada por renovada alegria, "se tem algo de novo a respeito do Senhor. E ele, abrindo a boca, do ardor do seu coração, tira palavras de fogo, nas quais a virgem de Deus encontra grande consolo" (*Legenda de Santa Clara*, 45).

Na noite entre a sexta-feira e o sábado, 8 e 9 de agosto de 1253, as Irmãs que velam a agonizante a escutam falar após longo silêncio: "Ide em paz, pois terás uma boa escolta: aquele que te criou, antes te santificou, e depois pôs em ti o Espírito Santo e sempre te olhou como a mãe olha o seu filho que ama: Bendito sejas, Senhor, porque me criastes" (*Proc.* III, 20). E disse muitas coisas mais sobre a Santíssima Trindade, com tal sutileza, que as Irmãs nem conseguiam entender bem.

"Com quem está falando a Madre?", perguntam as filhas surpresas. Uma delas se aproxima e pergunta: "Madre, com quem fala?".

"Eu falo à minha alma bendita", responde a Santa.

A hora da morte é hora de alegria. Como Francisco agonizante, ela também pede aos frades próximos que repitam o "Cântico das criaturas". Assim, Clara bendiz o Senhor que criou a sua alma e a guiou, amando-a como a mais terna das mães ama ao mais querido de seus filhos. Nada pode dar maior alegria do que a segurança de ter consumido cada instante da vida pela glória de Deus.

Agora todas as Irmãs se encontram ali, pertinho de Clara, ansiosas e em pranto. "Podeis ver, queridas filhinhas, o Rei da glória como eu vejo?", pergunta a Santa repetidamente às que lhe estão mais próximas (*Proc.* IV, 19).

UM CORTEJO DE SANTAS VIRGENS VISITA SANTA CLARA

Irmã Benvinda observa junto à porta: vê entrar um grupo de virgens vestidas de branco, levando coroas de ouro. Ela conta:

> Dentre as virgens estava a maior e sobre todas a mais bela, que trazia sobre a cabeça uma coroa maior. E sobre a coroa levava uma maçã de ouro, à guisa de um turíbulo, do qual saía tanto esplendor que parecia iluminar toda a casa.
>
> As virgens se aproximaram da cama de Santa Clara e a virgem que parecia a maior delas cobriu-a com um véu sutilíssimo, tão sutil que a Santa, embora estivesse coberta, podia ser vista. Depois a Virgem das virgens aproximou seu rosto do rosto de Santa Clara... depois disso, todas desapareceram (Irmã Benvinda de Madonna Diambra, *Proc.* XI, 4).

Passou em agonia todo o sábado, segundo testemunha Irmã Filipa. Parecia estar viva somente pelo desejo de ver confirmada com a Bula papal a Regra que garantia às monjas presentes e futuras a mais rigorosa pobreza. Irmã Filipa, de fato, a escuta dizer que deseja muito ter presente a Regra da Ordem aprovada pelo Pontífice, poder levá-la aos lábios para beijá-la, e imediatamente depois morrer (*Proc.* III, 32).

A CONFIRMAÇÃO DA REGRA

E assim aconteceu de fato, porque, no dia 10 de agosto, um dos frades leva à Santa a confirmação papal tão desejada, ou seja, a Bula *Solet Annuere*, dada em Assis em 9 de agosto de 1253, com a confirmação pontifícia da Regra que a Santa desejara para si e para suas irmãs, para sempre.

Clara recebe-a com emoção e devoção e, embora enfraquecida, leva-a aos lábios para beijá-la.

"E depois, passou desta vida ao Senhor a Santa Clara, verdadeiramente clara, sem mancha, sem a obscuridade do pecado, à claridade da eterna luz" (*Proc.* III, 32).

Na noite de 11 de agosto de 1253, dia em que os habitantes de Assis festejam São Rufino, seu padroeiro, Clara morre feliz, porque começa a viver naquele que sempre "a olhou como a mãe ao filho que ela ama".

CONCLUSÃO

Talvez fosse útil determo-nos sobre os numerosos milagres realizados pela Santa após sua morte, que foram relatados durante o Processo de Canonização (novembro de 1253) e mediante os quais se chegou à canonização dois anos depois, pelo Papa Alexandre IX (1255).

Mas nos propusemos a traçar somente um esboço da figura de Santa Clara de Assis, assim como ela é, próxima de nós em sua santidade. E a santidade não consiste em milagres que são apenas a prova e não a substância. A santidade consiste em aderir à vontade de Deus, qualquer que seja ela, plenamente e com generosidade, momento a momento, ainda que tal vontade chame a uma vida de oração e penitência num claustro, como foi para Clara, ou que chame a uma vida de ação pelos caminhos do mundo.

O essencial é não inverter a escala de valores, que coloca em primeiro lugar a glória de Deus e em último o nosso egoísmo, consequentemente colocando-se à disposição de Deus e de seu plano de Salvação universal, sem reservar as forças nem limitar os meios. "Uma só coisa é necessária...", está escrito no Evangelho: amar a Deus. Todo o resto, quando se ama ao Senhor com todo o coração, com toda a mente, com todas as forças, será consequência, como o próprio Deus prometeu.

Essa é a grande lição que nos deixa Clara de Assis, "a dama pobre", à qual Francisco ensinou o segredo daquela felicidade "que ninguém poderá jamais arrebatar" (Jo 16,23).

Rua Dona Inácia Uchoa, 62
04110-020 – São Paulo – SP (Brasil)
Tel.: (11) 2125-3500
http://www.paulinas.com.br – editora@paulinas.com.br
Telemarketing e SAC: 0800-7010081